数字经济背景下互联网使用对劳动力市场表现的影响研究

SHUZI JINGJI BEIJING XIA HULIANWANG SHIYONG
DUI LAODONGLI SHICHANG BIAOXIAN DE YINGXIANG YANJIU

马俊龙　郭丽丽　臧敦刚　徐　斌　丁　昭⊙著

西南财经大学出版社
Southwestern University of Finance & Economics Press
中国·成都

图书在版编目(CIP)数据

数字经济背景下互联网使用对劳动力市场表现的影响研究/马俊龙
等著.—成都:西南财经大学出版社,2022.12
ISBN 978-7-5504-5632-7

Ⅰ.①数… Ⅱ.①马… Ⅲ.①互联网络—影响—劳动力市场—研
究—中国 Ⅳ.①F249.212-39

中国版本图书馆 CIP 数据核字(2022)第 215280 号

数字经济背景下互联网使用对劳动力市场表现的影响研究

SHUZI JINGJI BEIJINGXIA HULIANWANG SHIYONG DUI LAODONGLI SHICHANG BIAOXIAN DE YINGXIANG YANJIU

马俊龙 郭丽丽 臧敦刚 徐斌 丁昭 著

策划编辑:何春梅
责任编辑:周晓琬
责任校对:肖翀
封面设计:何东琳设计工作室
责任印制:朱曼丽

出版发行	西南财经大学出版社(四川省成都市光华村街55号)
网 址	http://cbs.swufe.edu.cn
电子邮件	bookcj@swufe.edu.cn
邮政编码	610074
电 话	028-87353785
照 排	四川胜翔数码印务设计有限公司
印 刷	成都市火炬印务有限公司
成品尺寸	170mm×240mm
印 张	13.25
字 数	269 千字
版 次	2022 年 12 月第 1 版
印 次	2022 年 12 月第 1 次印刷
书 号	ISBN 978-7-5504-5632-7
定 价	78.00 元

前言

中国信息通信研究院发布的《中国数字经济发展白皮书（2021年）》显示，2020年中国数字经济持续高速增长，规模达到 39.2 万亿元，占 GDP 的比重为 38.6%。中国数字经济渗透率持续提升，发展速度保持高位增长，成为经济高质量发展的关键动力。

数字经济在推动中国经济提质增效的同时，也深刻影响到中国劳动力市场。数字经济不仅通过推动经济发展、改变就业内容影响劳动力市场需求，而且创造新的职业和岗位影响就业结构。以网约车司机、网约配送员等为代表的新就业形态劳动者数量持续增长。《中国共享经济发展报告（2021）》显示，2020年平台带动的就业人数约为 8 400 万人。

就业是最大的民生。中国政府始终高度重视在数字经济背景下的"稳就业"工作。2018 年 9 月，国家发展改革委等 19 个部门联合发布《关于发展数字经济稳定并扩大就业的指导意见》，提出要大力发展数字经济，并以此稳定和扩大就业。此后，中国政府又发布多个文件，旨在通过发展平台经济、支撑新业态新模式以刺激消费、带动就业。

数字经济的发展及其变革对就业的带动作用毋庸置疑。但需要注意的是，数字经济中的数字化使得部分劳动者被替代，导致部分传统行业中的就业机会减少。人们能够在数字经济中获益，但仅限于参与到数字经济中的那部分劳动者。在数字化高速发展的今天，一部分人落在后面。收入相对不足、人力资本水平较低、年龄较大的劳动者面临着严重的"数字鸿沟",这进一步阻碍了他们的发展。

在中国数字经济高速发展的背景下,探讨劳动者对互联网等信息技术的采用如何影响其劳动参与及就业质量具有深刻的现实意义。除此之外,我国城乡之间也存在较为严重的"数字鸿沟",城镇地区的数字化水平要显著高于农村地区。城乡的数字鸿沟既是城乡发展差距的具体体现,又可能是城乡发展差距新的来源。厘清劳动者互联网使用对就业影响的内在机制,对于缩小城乡差距、推动共同富裕具有重要的理论意义。

本书在理论分析的基础上,使用中国家庭追踪调查(China Family Panel Studies,CFPS)的微观数据,实证分析了劳动者使用互联网对其劳动参与和收入回报的影响,并讨论了该影响的内在机制。本书还探讨了此研究中应当进一步深入探讨的问题和今后研究的方向。

本研究更侧重于"数字鸿沟"的"接入沟"而非"使用沟",所以对于分析对象为中国中西部等发展相对缓慢地区或者其他发展中国家、内容为数字经济对劳动力市场影响的研究具有一定的借鉴意义。

马俊龙

2022 年 4 月

目　录

第一章　导论

第一节　研究背景和问题提出

一、研究背景

（一）互联网成为经济发展的新动力

信息通信技术（Information Communications Technology，ICT）是信息技术与通信技术相融合而形成的一个新的概念和新的技术领域。该领域是 IT（信息业）与 CT（通信业）两种服务的结合和交融，通信业、电子信息产业、互联网、传媒业都是 ICT 重要的有机组成部分。尤其是互联网，是 ICT 诸多内容中对人类社会影响最为深刻的部分。以互联网为代表的信息通信技术深刻地影响着世界的发展进程。21 世纪初，八国集团签署的《全球信息社会冲绳宪章》指出，信息通信技术是 21 世纪社会发展的最强有力的动力之一，其革命性的发展不仅极大地影响着人们生活、学习和工作的方式，而且正在迅速地成为世界经济增长的重要动力。信息技术所带来的经济与社会变革的实质就是帮助个人和社会更好地使用知识，从而使人类充分发挥其潜力，实现其理想。

2016 年，世界银行发布《2016 年世界发展报告：数字红利》，该报告以数字红利（digital dividends）为主题，从多个方面阐述了互联网的发展为经济增长、人民就业以及生活便捷带来的机会，并且根据互联网发展的特点提出了相应的发展策略。毫无疑问，我们目前生活在一个以互联网为代表的信息技术飞速发展的时代，互联网在方方面面改变着我们的生活、工作乃至价值观念。从国家或地区的角度来看，互联网发展能够带来巨大的数字红利，通过产业结构的转移推动国家或者地区间的贸易往来，并且促进了偏远地区融入经济发展中，甚至使全球各地更加紧密地联系在一起，更加难以分割。从劳动者个人的角度来看，互联网行业异军突起并蓬勃发展，创造了大量的就业机会。互联网的发展促进了企业生产的分散化，越来越多的企业将细碎化的生产阶段外包出去。此外，互联网的发展也创造了更多新型的灵活就业形式，使在家工作甚至随时随地工作成为可能，这些趋势或者特点吸引了更多适龄人口参与就业，特别是家庭主妇、残疾人等弱势群体就业，提高了劳动参与率。互联网的发展不仅提高了劳动需求和劳动供给，并且提升了二者的匹配效率，网络求职以及网络招聘的发展，实现了劳动供需双方在更大范围内的高效匹配，使劳动者能够以较低成本寻找到合意的工作，并使需求方以较低成本寻找到合适的劳动者。劳动供需匹配效率的提高降低了失业率，推动了经济发展与社会稳定。

中国信息通信研究院 2021 年发布的《中国数字经济发展白皮书》显示，在 2020 年，我国数字经济①总量达到 39.2 万亿元，占总 GDP 的比重达到 38.6%，数字经济规模和占 GDP 比重呈现双"39"态势。数字经济已成为近年来带动经济增长的核心动力。尤其是在 2020 年全球经济受到新冠肺炎疫情冲击的背景下，我国数字经济仍然呈现逆势增长趋势，保持 9.7% 的高速增长，是同期名义 GDP 增速的 3.2

---

① 这里的数字经济是指以数字化的知识和信息为关键生产要素，以数字技术创新为核心驱动力，以现代信息网络为重要载体，通过数字技术与实体经济深度融合，不断提高传统产业数字化、智能化水平，加速重构与政府治理模式的新型经济形态。数字经济包括两部分：一是数字产业化，又称为数字经济基础部分，即信息产业，包括电子信息制造业、信息通信业和软件服务业等；二是产业数字化，又称为数字经济融合部分，是传统生产部门应用数字技术，并因此获得产出增加和效率提升。

倍，成为稳定经济增长的关键引擎。数字经济能够成为推动经济持续增长的强劲动力，原因在于数字经济在三大产业的渗透率持续提高。在新冠肺炎疫情的持续倒逼下，三大产业的数字化转型进程加快，农业、工业和服务业的数字经济渗透率分别达到 8.9%、21% 和 40.7%，同比 2019 年分别增长了 0.7%、1.6% 和 2.9%。三大产业的数字化转型为数字经济的持续高质量发展提供了广泛的空间。

全球数字经济也呈现出平稳发展的特征。中国信息通信研究院发布的《全球数字经济白皮书（2021 年）》中表明，基于 47 个国家的数据测算，这些国家的数字经济增加值规模达到 32.6 万亿美元，同比名义增长 3.0%。数字经济占 GDP 比重达到 43.7%。与我国情况相同，第三产业仍然是引领数字经济发展的龙头，第一产业、第二产业和第三产业数字经济增加值比重分别为 8.0%、24.1% 和 43.9%。全球经济发展的不均衡也体现在数字经济领域，发达国家数字经济规模达到 24.4 万亿美元，占全球数字经济规模的 74.7%，是发展中国家的 3 倍。其中，美国的数字经济规模仍然高居世界第一，我国位居第二，但我国的数字经济增速 9.6% 为世界首位。从数字经济占 GDP 比重看，德国、美国和英国等发达国家的该比重均超过 60%。相比之下，我国数字经济仍然具有较大的增长空间。

我国互联网相关产业的发展之所以如此迅速，与线下产业结合如此紧密，以致我国数字经济迅速增长，增速远超欧美等发达国家，与我国特定的发展状况不无关系。我国从 20 世纪 90 年代才开始市场化改革，虽然到目前为止我国的市场经济体制已经逐步确立，但是计划经济体制带来的滞后效应仍然存在，部分行业的运行仍然存在一定的机制和体制障碍。而这些不足反而给互联网的发展提供了相当广阔的发展空间。举例而言，欧美等发达国家的线下零售行业十分发达，已经形成了多层次、广布局的格局，但线下行业的完善又在一定程度上阻碍了电子商务的拓展。我国的线下零售行业发展并不完善，交易环节复杂，管理链条冗长，信息流通不畅，依然处于原始粗放的管理阶段。在中小城镇和农村地区，这种问题尤为突出。传统零售行业并没有太大的用户粘性，消费者也没有形成特定的消费习惯。这些现象反而为电子商务的发展提供了沃土。从需求端来看，互联网带来的电子商务极大丰富了消费者的商品选择空间，满足了中国消费者日益个性化的消费需求。从供给端来看，由于电子商务减少了中间商等环节，节约了成本，购物成本也相应降低，并有机会使整个产业链的所有参与者享受到数字红利。以互联网技术为基础的新零售促进了线下业态和线上电商不断融合，零售模式呈现多元化的趋势。总而言之，市场经济体制发展的不完善，反而促进了我国互联网的快速发展，体现出显著的后发优势。

图 1-1 展示的是企业使用互联网的比例[①]，在 2014 年之前，企业使用互联网的比例呈现波浪式变化，并没有显著增长趋势，但是从 2014 年之后，企业使用互联网的比例持续上升，截至 2016 年，企业应用互联网的比例高达 95.6%。其中，截至 2016 年 12 月，在使用互联网的企业中，过去一年使用互联网进行电子邮件收发的比例为 91.9%，使用网上银行的比例为 86.4%，与政府机构互动、在线办事的比例为 82.3%，网络招聘的比例为 61.7%，利用互联网进行员工培训的比例为 31.9%。2016 年，有 42.4%的企业在基层设置了互联网专职岗位，较 2015 年的 37.0%有了较大的提升[②]。随着互联网在企业间的普及，互联网逐渐渗透到企业运营的各个环节中。具体表现为：第一，配套工具日渐丰富，云盘、线上会议和知识库等工具融入企业即时通信，形成协同办公套件；第二，硬件持续更新，视频会议一体机、考勤机和前台设备等产品均已成熟；第三，应用场景更为多样，除传统的办公场景，企业还使用互联网在零售、医疗等场景进行拓展。

---

① 企业使用互联网办公，指的是企业各项活动中直接使用到互联网，部分企业虽然使用互联网进行企业或者产品的宣传和推广，但本身并不使用互联网进行办公，则不包括在内。任何具备互联网接入功能的设备（包括但不限于计算机）都可以作为互联网的工具。

② 本段数据来源于《第 39 次中国互联网络发展状况统计报告》。

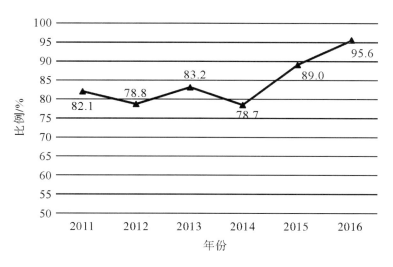

图 1-1　2011—2016 年企业互联网使用比例

（数据来源：《第 39 次中国互联网络发展状况统计报告》）

（二）我国互联网普及率增长迅速但总体水平较低

企业方面互联网的高普及率反映出互联网在企业经营活动中的重要性越来越突出，因此，对劳动者个人互联网技能的要求也相应提高，互联网技能越来越成为劳动者所必备的技能之一。但实际情况却是，截至 2017 年 12 月，我国劳动者互联网普及率仅为 55.8%，其中，城镇户籍人口普及率为 69.1%，农村户籍人口普及率仅为 33.1%。企业互联网普及率与劳动者互联网普及率存在较大的差距，不仅不利于企业的进一步发展，更不利于劳动者个人的劳动参与、就业以及收入水平的提高。

我国近十五年互联网普及情况见图 1-2。一方面，2007—2021 年这十几年的时间，我国个人互联网普及情况有了飞速的发展，互联网使用人数由 2007 年的 2.1 亿人，增长到 2021 年的 10.11 亿人，互联网普及率也由 16% 上升到 71.6%，发展不可谓不迅速。另一方面，我国互联网网民数量经过初期的迅速增长后，中间几年的增长率回落，2014—2017 年，每年增长率均不足 3%。增长率回落的原因在于我国以"未富先老"为特征的人口老龄化问题加重，以及农民收入水平较低。互联网作为新兴科技的代表，老年人对其接受以及适应仍有一定的难度，而农村居民收入水平较低则阻碍了其互联网的接入。但是自2018年之后，互联网的普及率又呈现出较快的增长。2018—2020年的增长率分别为3.8%、4.9%和5.9%。近几年互联网使用规模呈现高速增长的原因是多方面的。一方面，我国政府着力推进以5G网络建设为代表的新基建建设，为网民的增长打下建设的基础。截至2021年6月，我国已经建成全球规模最大的5G独立组网网络，累计开通5G基站96.1万个，覆盖全国所有地级以上城市，5G终端连接数达到3.65亿户。另一方面，我国互联网应用不断丰富，呈现持续稳定增长的趋势。网络外卖、网约车、在线办公、网络直播等用户增长十分显著。在新冠肺炎疫情的持续影响下，在线办公、在线教育和网络外卖等都得到极为迅速的发展。

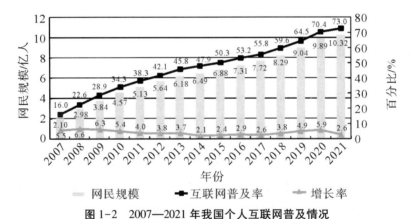

图 1-2　2007—2021 年我国个人互联网普及情况

（数据来源：历年中国互联网络发展状况统计报告；2019 年数据截至 2020 年
3 月底，其余年份数据均截至当年 12 月底）

虽然我国互联网普及率在近些年提升较快，但是与欧美等发达国家相比仍然存在一定的差距。图 1-3 显示了不同地区的互联网普及率情况。我国在 2017 年的互联网普及率为 55.8%，刚刚超过世界平均水平，远低于欧洲和北美地区，也低于大洋洲、中东地区，甚至低于拉丁美洲地区，仅仅高于亚洲其他地区以及非洲地区。

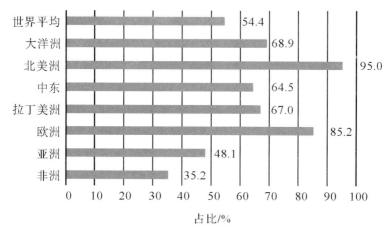

图 1-3　2017 年底世界主要地区互联网普及情况

（资料来源：互联网数据统计网站 www. internetworldstats. com）

（三）数字鸿沟阻碍经济发展

互联网的发展同样是不均衡的，存在国家、地区之间的差异。更确切地讲，是存在"数字鸿沟"（digital divide）。"数字鸿沟"最先由美国国家远程通信和信息管理局（NTIA）于 1999 年在名为《在网络中落伍：定义数字鸿沟》的报告中定义："数字鸿沟"指的是在那些拥有信息时代的工具的人以及那些未曾拥有者之间存在的一个鸿沟。"数字鸿沟"体现了当代信息技术领域中存在的差距现象。

"数字鸿沟"不仅指的是发达国家与发展中国家或地区之间的信息技术发展差异，而且还包括国家或地区内部的发展差距。虽然我国的信息技术在近些年有了长足的发展和进步，信息化水平不断上升，但是城乡之间仍然存在较大的差距。在广大农村地区，由于电信基础设施不完善、收入水平较低等因素，电脑以及互联网的普及率较低。在 2016 年，互联网的城乡普及率差距由 2015 年的 34.2% 扩大到 36%，达到历史最高值。城乡之间存在的"数字鸿沟"，不仅可能导致城乡收入差距继续扩大，而且更有可能对我国整体经济增长带来不利影响。Furuholt 和 Kristiansen（2007）在分析诸如坦桑尼亚之类的发展中国家所面临的互联网覆盖率的城乡差异时，认为互联网覆盖率的城乡差异有可能进一步扩大该国居民现有各经济特征的差异（如就业和收入）。也就是说，随着数字信息科技在地区间覆盖及推广程度差异的不断拉大，地区居民在创新、人力资本及收入等经济特征上的现存差距也将会逐渐拉大。在 2016 年以后，城乡"数字鸿沟"持续缩小，截至 2021 年 6 月，该数据已下降至 19.1%。这得益于我国政府的网络扶贫工作。为了使广大农村及偏远地区跟上互联网时代的步伐，享受数字经济的福利，我国推行了"村村通"和"电信普遍服务试点"等工作。农村互联网基础设施的不断增设和完善，使得城乡"数字鸿沟"逐渐缩小。此外，农村数字经济新业态的形成也推动了互联网的普及。"互联网+"农产品等工程初见成效，以直播电商为代表的互联网新模式发挥了带货能力，推动了农产品的销售，带动了农民致富。同时，"互联网+"农村旅游等新模式也推动了农村地区产业升级和乡村振兴。需要注意的是，虽然城乡之间互联网普及率的接入鸿沟在逐步缩小，但是城乡网民使用互联网的能力仍然存在差距，即更深层次的"数字鸿沟"中的"使用沟"仍然存在。

图 1-4 展示的是近十年我国城乡网民数量情况。由表中数据可知，我国城乡网民数量存在较大差距，存在较为严重的"数字鸿沟"。具体而言：第一，我国城镇网民数量在十年间具有较快增长，由 2006 年的 1.14 亿人上升到 2021 年的 7.14 亿人，年增长率超过 30%。第二，我国农村网民数量虽然年平均增长率接近 60%，但是由于其基数较小，在 2006 年，仅有 2 811 万农村居民使用互联网，截至 2021 年 12 月，农村网民数量仍然不足 3 亿人，为 2.84 亿人。第三，农村网民占总网民数量比例较低。2006 年，农村网民数量仅占总体网民数量的 16.9%，虽然自 2007 年后有较大幅度的增长，但在后续年份中则增长缓慢，截至 2021 年 12 月，农村网民占总网民数量的比例为 27.6%。而根据《第七次全国人口普查公报》相关数据，2020 年我国户籍城镇化率仅为 45.4%，换句话说，我国农村居民占总人口的 60%。但是，与占据人口总量六成的比例不相称的是，我国农村网民数量占全体网民数量的比例仅为 27.6%，说明仅仅在互联网普及率方面，城乡就存在较为严重的"数字鸿沟"。

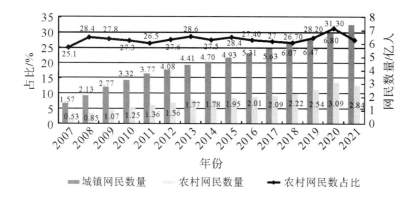

图 1-4 城乡网民数量对比

（数据来源：历年《中国互联网络发展状况统计报告》；2019 年数据
截至 2020 年 3 月底，其余年份数据均截至当年 12 月底）

城乡互联网普及率持续提升，但城乡差距仍然较大。在普及接入层面，农村互联网普及率上升至 34.0%，但低于城镇 35.4 个百分点。虽然从普及率的增长率方面来看，城乡的增长速度相似，每年均以 1% 左右的速度增长，但是由于农村地区互联网普及率本身较低，以同样速度增长则难以减小城乡之间的普及率差异。在互联网应用层面，城乡网民在即时通信使用率方面差异最小，在 2 个百分点左右，但在商务交易、网络支付、新闻资讯等应用使用率方面差异较大，其中网上外卖使用率差异最大，相差 26.8 个百分点。农村互联网市场的发展潜力依然较大。

因此，提高我国互联网普及率，提高我国信息化水平是应对经济下行压力的重要举措。目前政府大力推动的"新经济"的核心便是互联网。在博鳌亚洲论坛 2014 年年会开幕式上，李克强发表主旨演讲时曾介绍"新经济"的主要内容。李克强表示，各国要顺应全球新技术革命大趋势，加强相互交流，借鉴彼此经验，促进科技进步和人才培养，尤其是青年人才的培养，推动以绿色能源环保、互联网等为重要内容的"新经济"发展，占领未来发展制高点，提升产业和经济竞争力。

从国家层面来讲，互联网的发展已经上升到国家战略层面。在第三届互联网大会上，习近平主席发表视频讲话，认为"互联网是我们这个时代最具发展活力的领域"，并且自党的十八大以来，党中央高度重视网信事业的发展进步，党的十八届五中全会提出了"实施网络强国战略"。互联网的发展深刻地影响着世界利益格局、经济格局以及安全格局。维护我国网络安全、提升我国网络实力，是维护我国国家利益、促进我国经济健康稳定发展的必然要求。

二、问题提出

虽然总体而言，互联网的发展推动了经济的发展，互联网行业的繁荣也带动了大批人员的就业，但是互联网行业的出现也影响到了部分传统行业的发展，导致这些部门的衰落，从而引起了就业毁灭，由此带来的失业现象仍值得关注。此外，信息通信技术（ICT）作为一种技能偏向型技术进步，与高技能劳动者之间存在互补关系，企业运用 ICT 可能导致高技能劳动者需求增加，而中低技能劳动者需求下降。但是，作为劳动者个人技能，互联网使用技能的技能门槛较低但内容极为丰富，其对异质性劳动者的影响如何值得细致讨论。

因此，至少有以下几个方面的问题需要解决：

第一，劳动者使用互联网能否提高其劳动参与的积极性，并且其内在机制是怎样的？互联网为个体提供了公平的就业机会，但这仅仅是对于那些使用互联网的人而言，而不使用互联网的个体则无法享受互联网带来的便利（Hoffman & Novak，1998）。理论上，虽然互联网的发展既创造就业机会又引起就业毁灭，对劳动者就业的总体影响是不确定的，但是对劳动者个体而言，使用互联网本身是一种技能，这种技能的增加能够提高劳动者的就业概率。但是互联网的使用对劳动者就业的具体影响如何及其内在机制是什么是值得探究的。究竟是这种技能提高了劳动者的生产力，还是网络招聘和网络求职提高了劳动供需的匹配效率，抑或是互联网的使用提高了家务劳动的效率，减少了家务劳动的时间，从而使劳动者有更多时间分配在就业方面引起劳动参与率的上升？这几种机制是单独发生作用还是同时影响到劳动者的就业？

第二，如果互联网的使用能够影响个人的劳动参与率，那么其能否影响劳动者的工资水平？这两个问题在某些角度具有一致性，但是又有各自的特殊性。如果互联网的使用提高了劳动者的生产率，那么我们自然能够观测到劳动者就业概率的提高和工资水平的上升。如果互联网的使用提高了家务劳动的效率，劳动者可以把更多的时间分配到工作当中，工作时间的延长带来工资水平的上升也是合理且可以预见的。但是，如果是由于匹配效率的提高而引起就业率的提升，那么这一因素对劳动者的影响是存在异质性的。对于高技能劳动者而言，匹配效率的提高使其能够搜寻到合意的职位，从而获得与其能力相匹配的工资；但是对于低技能劳动者而言匹配效率的提高可能并不是一个好的信号，其只能获得与自己技能相匹配的职位，而以前由于匹配效率低下他所占据的较好的职位则被高技能的劳动者所替代。因此，互联网的使用对不同受教育程度，或者不同技能劳动者影响的异质性也值得深入探讨。

第三，互联网的发展引起劳动供需结构变动，也引起劳动者就业率、工资率的变动，劳动者对此会有什么样的反应？以互联网为代表的信息通信技术的发展，使需要重复性劳动、简单记忆等的职位被机器所替代，拥有这些技能的劳动者将面临失业的危险，同时，企业对于技术所难以替代的技能，诸如沟通技能、团队协作能力以及领导力等非认知能力，则会产生更大的需求，拥有这些技能的劳动者的收入将会更高、就业更为稳定。面对此等现状，劳动者是否会更加关注自身非认知能力的培养？同时，互联网对人力资本的其他组成部分，如健康以及认知能力的影响又是如何？

第四，已有研究表明，互联网使用的收入回报在发展中国家要高于发达国家，原因在于后者的互联网普及率较高，互联网技能已经成为一项基本技能，其技能溢价较低。那么，我国目前互联网使用的收入回报是多少，其时间趋势又是怎样？同时，我国城乡之间的"数字鸿沟"较为明显，这种"数字鸿沟"是否会成为城乡收入差距新的来源，从而造成更为严重的收入不平等？互联网带来的新业态发展，带来的部分就业对女性而言相对更为友好（如网络直播中女性主播更多），这是否会提高女性收入回报，进而降低性别收入差距？

第二节　本书框架安排

一、本书内容安排与研究方法

（一）本书内容安排

本书主要分为四个研究内容：第一部分为研究背景介绍；第二部分为相关理论基础和理论分析；第三部分为我国互联网与劳动力市场发展的相关事实分析；第四部分为劳动者互联网使用对劳动力市场表现影响的实证分析。具体的章节安排如下。

第一章是导论。本章主要讨论了本书的背景，即互联网在我国的发展情况。我国互联网发展的特点主要有三点：第一，总体而言，我国互联网发展迅速，以互联网为代表的数字经济占比逐年提高，并成为经济发展的新动力。互联网在企业层面的普及率极高，我国互联网企业规模位居世界前列。第二，与国家和企业层面互联网高普及率相反，个人层面的互联网普及率较低，普及率刚超过五成，与欧美等发达国家存在较大差距。第三，我国互联网普及率存在较为严重的城乡差异，城镇地区的互联网普及率远高于农村地区，这种城乡之间的"数字鸿沟"可能成为城乡收入差距的新来源。根据上述研究背景，本书提出了所关注的问题，介绍了研究的主要意义、内容、框架以及研究方法，并提出了本书可能的创新与不足之处。

第二章是理论基础和文献综述。互联网是ICT的重要组成部分，而后者被证明是一种技能偏向型技术进步，因此，第二章主要介绍了技能偏向型技术进步的相关理论，整理了国内外关于ICT和互联网在宏观层面以及微观层面对劳动者在劳动力市场上表现影响的相关文献，并对国内外的文献进行了简单的评述。

　　　　第三章讨论互联网发展带来就业变化的基本事实。互联网的发展首先能够引起互联网行业就业人员的增加，表现为信息传输、计算机服务和软件业从业人数的增加。互联网与传统行业的深度融合以及由此带来新业态就业人员的增加，则是互联网对就业的间接带动作用。本章还以网约车、外卖行业以及直播行业的就业为例描述了互联网对就业的带动作用。

第四章是关于互联网使用对劳动者劳动参与影响的实证研究。互联网对劳动者的影响渠道是多方面的，本章以时间分配模型为切入点研究互联网使用与劳动参与的关系，并进一步分析互联网使用对就业结构的影响。此外，本章还对由互联网带来的劳动者劳动供给的城乡差异以及性别差异进行了分析。

第五章是关于互联网使用对劳动者工资收入影响的实证研究。本章以工资收入为例，实证研究了互联网使用对劳动者收入的影响。本章使用倾向得分匹配模型解决了样本选择问题，得出互联网使用能够提高劳动者工资收入的结论。并且互联网使用的收入回报存在城乡差异，这表明互联网确实是一种技能偏向型技术进步，初步论证了城乡"数字鸿沟"会造成城乡收入差距的扩大。

第六章是关于互联网使用对劳动者人力资本的影响。在前两章分析的基础上，本章分别从教育、健康、认知能力和非认知能力等多个角度讨论了互联网使用对个人人力资本水平的影响，并论证了人力资本在互联网使用对劳动者市场表现的影响中起到关键的中介作用。本章还从过度教育视角，分析了互联网对劳动匹配效率的影响。

第七章做了总结并提出政策建议。本章总结了前六章的研究结论，根据研究的内容提出了相关的政策建议，并讨论了进一步研究的方向。

（二）本书研究方法

本书采用的是理论研究与实证研究相结合的研究方法。

理论分析方面，主要对国内外关于互联网与劳动力市场关系的文献进行梳理总结，发现互联网对劳动力市场影响的宏观机制与微观机制，并从劳动供给以及劳动需求两个方面进行衡量。在具体的影响机制方面，互联网的发展在宏观层面上通过促进经济增长增加对劳动者的总体需求，从而影响微观个体的就业。此外，互联网的发展带来的新业态促进了新行业的发展并影响了部分传统行业的发展，通过影响劳动力市场中的劳动需求而影响个体就业。在微观层面，能够使用互联网本身属于一种劳动技能，能够提高劳动生产率，从而影响劳动者的就业以及收入。此外，互联网作为信息获取的重要渠道，能够通过影响劳动者的求职方式、社会资本等渠道影响劳动者的就业和收入水平。

实证研究方面，本书针对所研究问题的不同采用了不同的估计方法。

工具变量法：本书在研究互联网使用对劳动力劳动参与与收入回报的影响时，均使用北京大学"中国家庭追踪调查"（CFPS）数据。当在分析互联网使用对劳动参与的影响时，基准的计量模型为 Probit 模型，但是由于二者之间存在互为因果的内生性问题，故采用工具变量法进行分析，具体的计量模型为 Biprobit 模型。

倾向得分匹配：在以工资收入为例研究互联网使用对收入的影响时，为了解决相应的样本选择问题，本书主要采用了 PSM 模型进行分析，并辅以 Oaxaca-Blinder 分解方法以及分样本回归作为稳健性检验。

二、本书的研究意义

（一）理论意义

本书主要有以下几个方面的理论意义：

第一，使用中国的微观数据论证了劳动者个人使用互联网对其劳动参与、工资水平的影响，并验证了相关的影响机制。由于我国的互联网起步较晚，相关的研究也处在初步阶段，虽然国外学者对互联网使用与劳动力市场的研究已经较为丰富，但是我国互联网的普及率、应用范围以及所带来的行业变革较西方发达国家仍有一定差距，互联网使用对我国劳动力市场的影响仍然存在不确定性，需要进行具体的实证分析。本书不仅在实证上对该问题进行了较为细致的研究，而且对其内在的影响机制进行了讨论。鉴于目前关于发展中国家的相关研究较少，本书的研究对其他发展中国家的相关研究具有一定的借鉴意义。

第二，城乡之间的互联网普及率存在较大差异，本书在证明互联网属于技能偏向型技术进步的基础上，初步论证了这种城乡"数字鸿沟"可能成为城乡收入不平等的新来源。城乡之间的"数字鸿沟"是由于我国城乡二元体制等多种因素导致的不公平的结果，但是，这种接入互联网能力的差异又可能成为城乡不平等的新来源，而且互联网对经济发展、对劳动者就业的积极作用越大，这种不平等的作用便越显著。如果这种情况发生，那么城乡收入不平等便会进入恶性循环，初始配置的不平等导致过程不平等，而过程不平等又引起结果不平等（赵忠，2016），最终结果的不平等又导致下一代初始配置的不平等，循环往复将导致城乡收入差距无法收敛，长此以往将导致严重的社会问题。本书的研究初步探讨了城乡互联网回报的差异，为后续互联网引致城乡收入不平等的研究提供了一定的实证基础。

第三，论证了互联网的使用对人力资本的影响，并从过度教育角度分析了互联网在提高劳动力市场匹配效率方面的作用。本书从教育、健康、认知能力以及非认知能力多个角度论证了互联网使用对人力资本的影响，并进一步分析了人力资本在互联网使用对工资收入的影响中所起到的中介作用。对于过度教育发生的原因存在多种理论解释，尤其是我国过度教育现象产生较晚，主要随着高等教育扩招而逐步显现。我国的过度教育是由劳动力市场的分割、不完善而导致还是过度竞争促使劳动者提高自身人力资本而进行的理性选择？本书从互联网的使用角度对该问题进行了解读，认为我国过度教育的现象主要是由劳动力市场不完善所导致，互联网所带来的劳动搜寻匹配效率提高能有效降低过度教育的发生率。

（二）现实意义

本书的现实意义，主要有以下几点：

第一，为提高我国劳动参与率，增加经济活力提供一定的政策建议。一方面，互联网的发展提高了劳动需求和劳动供给，从而提高了就业率和劳动参与率。另一方面，互联网发展所创造的新型的灵活就业方式降低了自我雇佣成本，引领了大众创业、万众创新，并且外包等形式使更多细碎化的时间可以得到利用，吸引了众多劳动者（尤其是家庭主妇、残疾人士以及中老年人）参与就业，提高了整体的劳动参与率。推进互联网的普及，不仅是为人民群众谋福祉的必然要求，而且能够有效提高劳动参与率，增强我国经济活力，可谓一箭双雕。

第二，在数字经济背景下，本书可以为如何从互联网角度缩小城乡收入差距提供一定的依据。城乡互联网普及率的差异是导致城乡收入不平等的新来源，因此，提高农村互联网普及率，加强农民互联网技能培训，是提高农民收入的重要举措。与城市户籍劳动者相比，农村居民在自我雇佣方面存在比较优势，如何发挥这方面的比较优势是政府应当着重考虑的问题。有关部门应推出相关政策扶持农民进行互联网创业，如减免税收、财政支持以及技术支持等，推动"互联网+农产品销售""互联网+乡村旅游"等形式的创业活动。

第三，借互联网发展的契机，推动职业教育的发展，与正规教育互为补充，形成健康合理的教育体系。随着技能偏向型技术进步的发展以及分工的专业化，常规化生产的任务日趋减少，而技术进步所不能替代的非认知能力越来越重要。加强不同职业、不同学历的劳动者非认知能力的培养将成为未来职业培训的重点。

三、本书的创新及不足

（一）本书的创新

本书的创新点体现在以下几个方面：

第一，研究视角的创新。①虽然国外学者对互联网与劳动力市场的研究已经较为深入，但是相关研究更多的是集中在宏观层面，如地区互联网普及率对地区失业率的影响。本书则使用我国的微观数据，从劳动者个体角度出发，不仅分析了互联网使用对劳动参与的影响，还分析了互联网使用对工资收入、人力资本投资的影响。②与此同时，本书又分别对城乡样本进行回归分析，对比分析了互联网对劳动力市场影响的城乡差异，发现城乡"数字鸿沟"可能成为城乡收入差距的新来源，这一结论为后续相关研究提供了一定的实证基础。

第二，研究方法的创新。本书在研究不同的内容时根据存在的问题采用了相应的解决办法。在研究互联网使用对劳动参与的影响时，为了解决二者之间互为因果的内生性问题，本书选取了两个工具变量，即样本所在区县的互联网普及率以及样本所在社区地形地貌状况，两个工具变量通过了一系列检验，较好地解决了内生性问题，使得本书得出的估计结果较为可靠。相比较而言，国内研究该问题的几篇文献，有的并没有考虑内生性问题，有的则使用了错误的估计方法，得出的结论难以令人信服。

第三，研究内容的创新。本书在分析互联网对劳动者市场表现的影响时，从多个角度深入分析了其影响机制，如人力资本、社会资本、时间分配以及信号理论。并且在分析人力资本的中介作用时，将互联网使用与过度教育、教育期望相结合，从过度教育角度分析了互联网对提高劳动力市场匹配效率的影响。

（二）本书的不足

受各种因素的限制，本书仍存在以下不足之处：

首先，限于篇幅以及相应数据的缺乏，并没有从劳动需求方的角度考虑互联网对劳动力市场的影响。事实上，由于互联网的发展，企业对劳动力个人技能的要求会发生相应的变化，导致不同技能劳动者在劳动力市场上受到不同的影响。对此，可以从宏观角度分析地区互联网的普及对高、中、低技能劳动者需求的影响，也可以从企业层面分析企业应用互联网对高、中、低技能劳动者需求的影响。

其次，限于数据，并没有考虑网络求职对劳动者劳动力市场表现的影响。国外学者对网络求职（Internet Job Search，IJS）的研究相当丰富，这得益于国外对劳动者个人使用网上求职问题的信息收集十分详尽，而国内相关的大型微观数据库中，仅有少量数据对个人互联网使用情况进行了信息收集，极少对网络求职情况有所涉及，而自我发放问卷的成本较高、数据代表性较差，也较难实施，这些因素导致了研究的不足。

再次，仅使用 CFPS2010 和 2014 年度调查数据，没有使用 2016 年和 2018 年数据。随着互联网普及率的提高，劳动者使用互联网带来的劳动力市场回报将持续降低。使用近些年的数据时，应当更多地讨论"数字鸿沟"中的"使用沟"而非"接入沟"。本书更多地考察"接入沟"的影响，而在后续的研究中，则会使用更新的数据聚焦于讨论"使用沟"。

最后，虽然对城乡互联网收入回报进行了初步的分析，但是并没有深入讨论城乡之间的"数字鸿沟"是否会造成城乡收入差距扩大。这些不足之处均是后续研究需要着重讨论的地方。

第二章　理论基础和文献综述

第一节　理论基础

一、技能偏向型技术进步理论

自 20 世纪下半叶以来，随着技术的不断进步，社会对技术投资的规模日趋庞大，对高技能以及低技能劳动者的需求产生了分化，并且伴随着技能的溢价现象。尤其是 20 世纪 70 年代以后，高技能与低技能劳动者的收入分化日趋严重，并且出现两极化的趋势（Morris & Western，1999）。世界经济的高速增长并没有使所有劳动者获得相同的收益，反而由于不同劳动者人力资本水平的差异而形成了劳动报酬的非均等化，也就是技能溢价现象。在 20 世纪 70 年代，美国大学毕业生的收入比高中毕业生高 55%，但是这种技能的溢价在 20 世纪 80 年代下降到 42%，但随后又上升至 62%。对于 20 世纪 80 年代大学溢价的迅速上升，一个主要的解释是技能偏向型技术进步（Skill-Biased Technological Change，SBTC）。技能偏向型技术进步理论认为，技术进步并非中性，而是存在技能偏向的。一方面，技术进步与高技能具有互补性，技术的进步使得高技能劳动者的生产力得到提高，从而增加社会对高技能劳动者的需求；另一方面，技术进步与低技能劳动具有替代性，对低技能劳动者进行了替代，从而降低了社会对低技能劳动者的需求。技术进步对不同技能劳动者的不同影响，导致社会对高技能劳动者需求相对增加，因此，技能偏向型技术进步成为解释劳动力市场变化的主要原因之一。根据技能偏向型技术进步理论，新技术生而具有与技能互补的自然特征，并且新技术的不断采用会导致技能偏向的积累（Bound & Johnson，1992）。Stokey（1996）和 Krusell 等（2000）的研究表明，投资品的投资可以导致技能需求的增长以及技能溢价的提高。正是由此原因，资本品价格持续下跌才能与技能需求持续上涨、技能溢价现象同时发生。Weiss 和 Garloff（2011）认为，技能偏向型技术进步在不同的经济体中的表现形式是不同的。在欧洲主要表现为低技能工人的失业，而在美国，则表现为技能溢价以及工资不平等。

但是，早期技能偏向型技术进步理论的相关解释也引出了其他问题。首先，为什么技能偏向型技术进步对美国 20 世纪 70 年代的高技能劳动供给的增加反应如此迅速？其次，为什么新技术与技能之间存在互补关系？相反，以往技术的采用和推广，往往与技能之间是替代关系而非互补关系。例如，计算机在应用的早期，往往用于库存控制（inventory control），而这些操作低技能劳动者完全能够胜任，所以计算机可能对原本负责此项工作的高技能劳动者产生替代。针对这些问题，Acemoglu（1998）构造了一个理论模型，证明了技术进步并非天生与技能互补，而是定向被设计成与技能互补。他首先假定新技术一旦被发明，大部分属于非竞争性（nonrival），即能够被多数企业和劳动者以较低的边际成本使用。当劳动力市场上高技能劳动者越多，对技能互补性（skill-complementary）技术进步的需求越高。技术的发明者因此能够获得更高的收益，便更有动力研发技能互补性技术。因此，高技能劳动者供给的增加对技能溢价的影响可以被划分为两部分：第一个影响为替代效应（substitution effect）（该影响使技能需求沿需求曲线向右下方移动），第二个影响为定向技术进步（directed technology effect）（该影响使需求曲线上移）。两种影响的图示见图 2-1。首先，经济处于初始技能溢价点，随着高技能劳动者供给相对增加，由于替代效应的存在，技能溢价在短时间内开始下降。高技能劳动者供给的增加，引起技能互补性技术需求的增加，从而导致技能偏向型的技术进步，进而又增加了技能的溢价。当定向技术进步占主导时，就会观测到高技能劳动者的相对供给和技能溢价同步增加的现象。

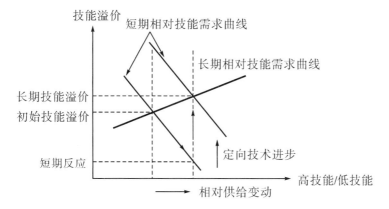

图 2-1　定向技术进步与技能溢价动态变化

在实证研究方面，经济学家在早期的研究中，使用计算机化（computerization）刻画技术进步。Bresnahan（1999）详细地论述了计算机对劳动力市场的影响。首先，计算机强大的计算功能能够极大地提高企业组织计算（organisational computing）的能力，从而能够减少相关职位的需求。其次，计算机及其应用属于通用目的技术（General Purpose Technology，GPT），可以应用在企业运行的方方面面，能够很大程度上改变企业的组织方式和生产方式，进而对企业生产率、劳动需求产生影响。最后，计算机能够对人类能力进行有限替代（limited substitution）。计算机能够替代重复性、常规性（routine）的任务（因此可以降低对低技能劳动者的需求），而对复杂的、异质性（idiosyncratic）的任务则难以替代（因此增加了对高技能劳动者的需求）。Autor 等（2003）在研究美国工资不平等的原因时，也使用计算机化来刻画技能偏向型技术进步。他发现，企业的计算机化是导致高技能劳动者需求相对上升的重要原因。Acemoglu（2003）使用跨国数据研究收入不平等现象时，同样分析了计算机对劳动力市场的影响。他通过建立理论模型发现，欧洲的劳动力市场的工资补偿机制同样提高了对低技能劳动者的需求，从而与美国相比，技术进步呈现出更小的技能偏向。其他学者也采用不同数据和不同方法，验证了技能偏向型技术进步对工资不平等或者技能结构的影响（Goldberg & Pavcnik，2007）。

Koning 和 Gelderblom（2006）以及 Michaels 等（2014）的论文证明了信息通信技术属于技能偏向型技术进步，信息通信技术的发展使得企业对劳动者的需求从中等学历向高等学历转化的速度加快。Atasoy（2013）、Akerman 等（2015）、Bertschek 和 Niebel（2016）进一步证明了互联网属于技能偏向型技术进步。

二、劳动力极化相关理论

技能偏向型技术进步解释了对高技能劳动者需求相对上升的现象。但是，美国以及欧洲部分国家最近的研究指出，在这些经济体中，高技能劳动者与低技能劳动者的需求量均呈上升趋势，而中等技能劳动者的需求相对下降，出现了"极化（polarization）现象"（Autor et al.，2006）。但是根据技能偏向型技术进步理论，技术对低技能劳动者的替代要大于中等技能劳动者，对应的是低技能劳动者需求的减少而非极化现象。针对极化现象，Acemoglu 和 Autor（2011）认为，技能偏向型技术进步导致对高技能部门需求增加，而对中低技能部门需求下降，但是，这种现象存在一种"吹风"效应，即相对于低技能劳动者，技术进步更倾向于替代中等技能劳动者。这是由于技术的进步增加了对高技能劳动者的需求，而高技能劳动者和中等技能劳动者之间的界限便是"风口"，导致中等技能劳动者需求下降，部分中等技能劳动者被迫从事低技能的劳动，从而导致极化现象。

除此之外，还有其他理论对极化现象进行了解释。第一，技术的进步导致了生产的专业化，而生产的专业化又导致了就业层次分割。所谓就业层次分割，指的是高技能部门倾向于使用高技能劳动者，低技能部门倾向于使用低技能劳动者，同时使用高技能、中等技能以及低技能劳动者的部门越来越少，最终反映在劳动力需求层面，便是对高技能劳动者、低技能劳动者的需求上升，对中等技能劳动者需求下降，即极化现象。第二，技术进步对常规化生产任务（routine task）的替代。Autor 等（2003）认为生产是由多种不同的任务组成，不同技能的劳动者分别从事不同任务。技术的进步，例如机器的生产、计算机的应用，能够使常规化生产任务得到简化，并减少相关的从业人员，而从事常规化生产任务的主要是中等技能的劳动者。第三，Autor和 Dorn（2013）则认为消费的多样化、常规任务的自动化成本降低以及外包（outsourcing）① 等现象的发展，都是导致劳动力极化现象产生的原因。

　　任务模型将以人工智能、工业机器人等为代表的信息通信技术引入生产函数，从而使经济学家能够分析这些信息通信技术对生产方式、劳动力需求产生的深远影响。Zeira（1998）是任务模型的开创者之一，他将机器的使用引入理论模型用以分析经济增长。而 Acemoglu和 Restrepo（2017，2019）对任务模型进行了重点发展，具体描述了人工智能对劳动力的替代过程，进而研究了人工智能或者自动化技术对偏向技术替代的影响。进一步地，他们分析了技术对熟练劳动者和非熟练劳动者影响的异质性（Acemoglu & Restrepo，2018，2020）。

第二节　ICT、互联网与就业结构

一、ICT 与就业结构

　　从技术属性层面讲，互联网技术属于信息与通信技术（information and communication technology，ICT）。ICT 属于涵盖性术语，包括但不局限于互联网技术，还包括电话、电视、收音机以及卫星系统等方面。在互联网还未面世以前，ICT 便已深刻地影响了人们的日常生活、工作行为以及整个经济的发展。因此，关于 ICT 对劳动力市场影响的研究要早于互联网对劳动力市场影响的研究，并且研究内容和成果也更为丰富。虽然与 ICT 其他包含的内容相比，互联网技

---

① 外包的生产任务往往是中等技能的任务。

术对我们日常生活的影响更为深刻和广泛，但是关于 ICT 对劳动力市场影响的相关研究仍然能够给本书的研究思路与研究方法提供帮助。因此，本章主要论述关于 ICT 以及互联网对劳动力市场影响的相关文献。

国外学者对于 ICT 与劳动力技能结构之间的关系已经有了相当丰富的研究，部分学者使用企业层面数据对二者关系进行了验证，发现 ICT 是一种技能偏向型技术进步，导致了对高技能劳动者需求的相对上升。

Bresnahan 等（2002）使用美国 311 个企业的面板数据进行了研究，发现 ICT 的采用与企业劳动力的技能水平存在正相关关系。ICT 与技能的互补性是导致对高技能劳动者的需求增加的决定因素。Doms 等（1997）以计算机投资为例研究了 ICT 与劳动力技能结构的关系，他们同样使用了美国部分企业的面板数据，结果发现在非生产部门二者同样存在显著的正相关关系。Bresnahan（1999）同样使用企业层面的数据，研究了 ICT 的发展如何影响企业的劳动力技能结构，并将 ICT 的影响分为两种截然不同的效应。一方面，对高技能劳动者的互补效应。由于高技能劳动者人力资本水平较高，能够更快地适应新技术的发展与使用，所以社会对高技能劳动者的需求增加。另一方面，对中、低技能劳动者的替代效应。由于 ICT 技术的引进，部分从事常规化生产任务的中、低技能劳动者被机器等新设备所替代，所以社会对中、低技能劳动者的需求下降。但同时，仅有部分中、低技能劳动者被替代，即存在"有限替代"（limited substitution）。

部分学者使用德国的相关数据对 ICT 与技能结构的关系进行了分析。Kaiser（2000）使用德国部分企业层面的截面数据，并使用 Ordered Probit 模型分析了 ICT 的使用对劳动力异质性需求的影响，发现 ICT 总投资占企业总投资的比重与大学毕业生的雇佣规模呈显著正相关关系，而与中、低技能劳动者的需求则呈显著负相关关系。Falk 和 Seim（2001）同样使用德国企业的数据，研究了在服务业中，高技能劳动者雇佣比例与 ICT 之间的关系。为了解决过多零值的数据归并问题，他们使用了固定效应与随机效应 tobit 模型来得到一致估计。结果表明，ICT 投入产出比越高的企业，拥有更高比例的高技能劳动者。但是，二者之间的弹性较小，而且使用不同的估计方法得到的结果具有较大差异，结果并不稳健。

最近的相关研究摒弃了技能偏向型技术进步理论，开始从 ICT 或者其他技术对劳动力需求影响的内在机制的角度分析。Autor 等（2003）与 Acemoglu 和 Autor（2011）开始关注不同职业、行业的工作任务（task）而非教育程度对劳动力需求结构的解释。他们认为，ICT 等技术对传统的常规化任务（routine tasks）具有替代作用，而对认知非常规化任务（cognitive nonroutine tasks）则起到补充作用，前者主要由中等技能劳动者完成，而后者主要由高技能劳动者以及高受教育程度劳动者完成。由于被替代的常规任务主要由中等技能劳动者完成，因此，ICT 的采用将降低对中等技能劳动者的需求，而增加对高技能劳动者和低技能劳动者的相对需求，从而引起劳动极化现象。Michaels 等（2014）分析了在美国不同职业及任务与劳动者受教育程度之间的关系，结果发现，具有更高受教育程度的劳动者确实更多地从事认知非常规化任务，而中等受教育程度的劳动者过多地集中在可替代的常规化任务中，低受教育程度劳动者更多从事体力非常规任务（manual nonroutine tasks）。

我国的学者对于 ICT 与劳动力技能结构之间的关系也进行了有益的探索和研究。杨蕙馨和李春梅（2013）的研究证明了我国的信息技术是技能偏向型的，信息技术的发展会增加对高技能劳动者的需求，同时降低对低技能劳动者的需求，并且增大两类劳动者之间的收入差距。宁光杰和林子亮（2014）使用世界银行 2005 年和 2012 年的企业调查数据，发现信息技术的应用提高了企业雇佣高技能劳动者的比例，并且这一结论在考虑了技术内生性以及企业异质性后仍然稳健。邵文波和李坤望（2014）利用跨国数据，分行业进行了相关研究，发现技术进步对技能的偏向取决于劳动力的团队合作程度，团队合作程度越高的行业，信息技术的技能偏向越明显，并且这种作用在技术水平越高的国家越明显。

近些年，越来越多的学者开始关注工业机器人以及人工智能这类

ICT 技术对就业以及经济增长的影响。屈小博（2019）从宏观和微观两个层面分析了这类信息技术革命对就业需求的影响，尤其关注了对工作任务产生的影响。他指出，新技术革命中"自动化"等方式对劳动者产生了明显的替代效应，引起就业需求结构的改变。与此同时，新技术所带来的生产率的提升，即"生产效率效应"也引起就业需求总量的增加和新工作任务的出现。王永钦和董雯（2020）使用上市公司数据验证了机器人使用对就业的影响，他们发现机器人的使用对就业具有一定的替代效应，并且引致就业的极化现象。闫雪凌等（2020）的研究也得出了相似的结论。魏下海等（2020）则从移民的角度分析了该问题，他们发现机器人的使用并没有挤出外来移民，反而吸引了外来移民的迁入。孔高文等（2020）对该问题进行了行业和地区的异质性分析，他们发现机器人导致的技术性失业问题，在低技能劳动者中占比高、在劳动力保护较弱和市场化程度高的地区更为显著。针对工业机器人对就业需求的替代效应更大还是生产效率效应更大的争论，李磊等（2021）的研究发现，企业的劳动力需求并没有因为机器人的使用而降低，相反还得到增加。但是这种引致需求并不适用于所有企业，家具、造纸等传统的劳动密集型企业中的劳动力尤其是低技能劳动力的就业会受到抑制。

二、互联网与就业结构

Autor（2001）较早地论述了互联网的发展对劳动力市场产生的影响。他认为互联网主要从三个方面影响了劳动力市场。

第一个方面，互联网改变了求职者和企业的供需匹配方式。求职者有多种途径寻找工作，比如私人推荐、工会以及报纸广告等，互联网求职成为最新而且极为便捷的求职方式。与传统找工作途径相比，互联网在如下几个方面存在明显优势：第一，互联网不仅能够提供更多、更细致的信息，而且其求职信息往往更具有时效性。第二，互联网求职的匹配效率更高。传统求职方式需要求职者和企业进行一对一匹配，时间长而效率低下，互联网求职则可以通过软件将求职者特征和企业的用工需求进行匹配，挑选出更为合适的求职者供用人单位筛选，极大节约了时间，并且能够提高匹配的质量。劳动力市场搜寻理论认为，降低工作搜寻成本还有利于提高生产力（Pissarides，1990）并降低失业率。第三，互联网求职成本更低。Autor 将《纽约时报》上的招工广告和网络招工广告的成本进行对比，发现后者成本仅为前者成本的5%。

第二个方面，互联网促使劳动力服务提供方式发生转变。互联网可以通过多种途径改变劳动力服务的提供方式：第一，电子邮件以及即时通信技术的发展可以确保更多的劳动者在家中或者任何覆盖互联网的地区完成以前必须在工作场所完成的工作。第二，以前的非工作时间可以被加以利用，互联网在其中发挥不可替代的作用。相关研究表明，即时通信技术与面对面的交谈并非互相替代而是相互补充的关系（Gasper & Glaeser，1998）。调查数据显示，由于互联网的即时通信功能，劳动者增加了在家工作时间的同时并没有降低在公司工作的时间（Nie & Erbring，2001）。

第三个方面，互联网改变了本地劳动力市场的劳动需求形成方式。第一，企业可以将原本完整的工作分割成相互联系的部分，分别进行商品生产并利用互联网将分割的生产过程统一起来（Brynjolfsson & Hitt，2000）。由此企业可以减少对部分普通员工的雇佣，增加对特殊技能员工的需求。第二，电子商务的发展促进业务外包（outsourcing）的发展，使商品供给可以不必临近商品需求地。互联网促使各地之间的联系加强，导致各地的劳动力供给和需求弹性都在一定程度上提高，各地劳动力市场开始形成一个统一的整体，技能相似的劳动者在各个地区的工资趋近一致。而这种趋势对原本就业于松弛劳动力市场（slack labor market）中的低技能劳动者是一个不利的消息，因为低技能劳动者与高技能劳动者相比面对劳动力市场的变化更不可能改变就业地（Bound & Holzer，1996）。

Autor 还指出，在互联网进行劳动匹配的过程中可能出现逆向选择问题。由于网上求职成本较低，一个自然的结果是许多劳动者会同时向多家用人单位求职，过度求职（excess application）成为互联网求职的一个常态。虽然对于劳动者个人而言，互联网求职的成本大幅度降低，但是由于过度求职问题，对于用人单位而言，其鉴别求职者的成本上升。在这种情况下，用人单位可能设置额外的成本以避免本单位职位申请数量过于庞大。同时，由于互联网求职近乎零成本，低技能劳动者为了获得工作机会，更有可能大量在网上投递简历，而高学历劳动者由于其获得满意职位的可能性更高，可能较少使用互联网求职，这就是互联网求职的逆向选择问题。不仅如此，如果过度求职的情况严重，用人单位鉴别成本上升，此时私人推荐有可能成为更有效的求职方式。相较于互联网求职的高鉴别成本，私人推荐更有可能解决信息不对称问题，从而提高匹配效率。

对于互联网与就业率之间的关系，国外学者主要从宏观层面与微观个体层面进行了研究：宏观层面主要研究分析了国家或地区的宽带普及率或互联网普及率对劳动参与率、就业率或失业率的影响；而微观个体层面则涉及劳动者个人的互联网使用情况对劳动参与选择、就业形式以及失业持续期等方面的影响。下面分别从宏观和微观层面对该方面的研究加以综述。

（一）宏观层面

互联网首先能够通过影响经济增长进而对劳动力市场产生影响。Holt 和 Jamison（2010）、韩宝国和朱平芳（2014）证明了互联网的发展能够促进经济的增长。但 Noh 和 Yoo（2008）也发现，在收入不平等的国家，互联网普及率的提高将对经济增长产生负面的影响。

部分学者从宏观层面研究互联网的发展对就业率或者失业率的影响。Shideler 和 Badasyan（2012）以肯塔基州 2003—2005 年郡（县）级（county-level）数据为基础，研究了宽带可得性（broadband availability）的经济影响。研究发现，一个地区的宽带可得性对当地的总体就业率具有显著的正向影响。宽带基础设施建设能够降低交易成本，并能够增加接入市场的可能性，从而创造就业机会、提高就业率。但是这种正向影响并不是在每个行业中都存在，具体而言，宽带可得性对就业率的正向影响仅在采矿业、建筑业、信息产业、政府部门以及部分服务业中存在，而在其他行业中该影响则不显著。Jayakar 和 Park（2013）则将数据扩展到全美国，使用美国郡（县）级（county-level）数据研究了宽带可得性与郡（县）失业率之间的关系。研究发现，宽带可得性与就业率之间存在正相关关系。拥有更高宽带可得性的地区，在 2012 年拥有更低的失业率，并且在 2008—2012 年间失业率的上升幅度更小，这个结论在控制了很多其他变量后仍然成立。但是，宽带可得性对失业率的这种影响规模非常小，虽然在统计学意义上非常显著，但是宽带可得性的变化仅仅引起失业率很轻微的变动。

Atasoy（2013）同样使用美国郡（县）级数据研究了互联网的投资建设对就业率的影响。其在模型中加入郡（县）固定效应以及时间固定效应后研究发现，一个地区的互联网普及率每提高 1%，就业率就会提升 1.8%。而且他还发现，就业率的提升不仅归功于失业者重新找到工作，更重要的是还有更多的适龄人群加入劳动力大军。在互联网对就业的影响机制的分析中，他发现，互联网普及率越高的地区，企业的规模更大，但数量上并没有明显变化，即互联网是通过影响企业招工规模而非影响企业数量来对就业率产生影响的。除了对总体的分析之外，他还单独分析了在农村地区互联网普及率对就业率的影响，并且发现在农村地区互联网普及率每提高 1%，就业率就提高 2.2%，超过大部分的城镇地区。这是由于互联网旨在将分割的市场联系起来，使更多的人能够融入劳动力市场，并找到更多的就业机会，而农村地区相对比较独立，互联网则增强了农村地区与整个劳动力市场的联系，从而使正向的影响更显著。他还指出，他估计的互联网普及率对就业率的影响小于以往的研究结论，是由于以往研究使用的是截面数据，分析的是一个地区与其他地区相互比较的情况，而他的研究则是同一地区不同时间上的比较，前者忽略了遗漏变量问题导致回归结果存在向上的偏误。

Forman 等（2012）的研究则发现，虽然互联网扩散迅速，但是互联网回报却没有呈现出相应的趋势。其在总体回归中并未发现互联网的普及率对就业率以及工资水平具有正向影响，其在模型中分别加入互联网普及率与人口、教育、收入以及 IT 密度排名在第一四分位郡（县）的虚拟变量的交互项，结果发现仅有这些交互项是显著的。而在人口、教育、收入以及 IT 密度这四项指标中处于全国第一四分位的郡县仅仅是全国郡（县）数量的6%。由此，他提出了"互联网回报之谜"，即互联网具有较高的普及率，但是其回报却并不普遍。

以上研究均使用的是美国的数据，其他学者则使用其他国家的数据对互联网普及率对就业率的影响进行了验证。Fabritz（2013）使用德国的数据研究了地区宽带可得性对当地，尤其是农村地区经济活动（以当地就业率为主要指标）的影响。他认为，宽带基础设施建设对经济增长以及劳动力市场的促进作用已经有不少文献进行了验证，但是对于农村地区而言，这种影响仍然存在不确定性。一方面，与城市地区相同，农村宽带基础设施的建设能够在很大程度上降低交易成本，从而促进经济的增长以及就业率的提高。另一方面，由于信息通信技术是一种技能偏向型技术进步，互联网作为代表性的信息通信技术，具有同样的特征，其在城市地区能够更好地发挥作用，因为城市里有受教育程度更高的劳动者，互联网与高技能劳动者之间存在互补关系，而与低技能劳动者之间可能存在替代关系，遗憾的是，农村地区低技能劳动者的比例更高，因此，互联网在农村地区的发展可能会降低农村地区的就业率。他使用 2005—2009 年德国相关数据验证了该假说在农村地区的成立情况。结果发现，宽带普及率每提高10%，当地的就业率就会提高 0.3%，而农村地区的作用是此效应的三倍。在具体行业分析中，他发现制造业领域内，宽带普及率对就业率并没有显著影响，从而间接说明宽带普及率对就业率的影响来主要发生在服务业。

Czernich（2014）同样使用德国的相关数据，分析了宽带普及率对地区失业率的影响。他认为，宽带普及率和失业率之间存在较为严重的内生性问题，一方面是由于遗漏变量，另一方面则由于互为因果问题。内生性问题导致普通最小二乘（OLS）回归结果出现偏误，以往的研究结论可能是错误的，他使用工具变量法解决了内生性问题后发现，宽带普及率对地区的失业率并没有影响，虽然使用 OLS 回归时影响是负向且显著的。但是，由于使用工具变量的原因，他并未使用德国全部县市的数据，而主要使用农村地区的数据，因此，他指出该结论主要适用于德国的农村地区，并不适用于德国全部地区尤其是城镇地区。

Ivus 和 Boland（2015）的研究则是第一篇关于加拿大宽带普及率对就业率和工资水平影响的文献。他们使用 1997—2011 年加拿大社区层面数据，并采用海拔的变化作为宽带普及率的工具变量以解决内生性问题。结果发现，宽带普及率的提高促进了农村地区劳动者的就业率以及工资水平的上升，但是这种正向的影响仅在服务业中显著，在制造业中则没有显著的影响。该研究说明宽带的普及促使服务业克服了地理上的障碍，而这些障碍在以往严重阻碍了服务业在农村地区的发展。

在早期的研究中，学者并未对互联网普及率与劳动参与率或者失业率之间的内生性问题进行详细讨论，但实际上，二者之间互为因果或者遗漏变量而导致的内生性问题可能是影响估计结果的重要原因。具体来讲，互联网普及率的提高需要政府进行相关的投资，类似公路系统中的国道、城市干道以及辅道等组成部分，互联网的普及也离不开"信息高速公路"，"信息高速公路"的组成部分由骨干网、城域网以及局域网等多个层面构成，这些组成部分均需要大量的资金投入。而有能力进行相关投资的地区，往往经济发展水平较高，经济更为发达的地区就业机会可能更多，人均受教育水平也更高，所以该地区本身的劳动参与率就较高，并非由互联网普及率所带来，至少并不是完全由互联网普及率所决定的。如果这种情况存在的话，在未考虑二者内生性问题的前提下进行的研究，可能会高估互联网普及率对地区劳动力市场的影响。针对这一情况，后续的学者往往采用工具变量的方法对估计结果进行改进，以得到更为无偏的估计。在具体的工具变量选择方面，有部分学者使用地理方面的数据，如地区海拔相关变量、互联网基础设施距离等。

Ivus 和 Boland（2015）在使用加拿大数据研究互联网普及率对就业率的影响时，使用海拔变化（elevation variation）作为互联网普及

31

率的工具变量。因为与平原地区相比，在山地地区配置光纤等宽带基础设施的成本要高得多，从而导致山地地区的互联网基础设施要远远少于平原地区。宽带基础设施的多寡则直接影响了互联网的普及率，但是由于海拔的变化并不直接影响经济产出等，所以其对劳动力市场的影响较小。Falck 等（2014）并没有直接使用市中心距离总配线架的距离作为工具变量，而是使用一个虚拟变量，市中心距离总配线架距离超过 4.2 千米的地区设为 1，其他则为 0。他们认为，虚拟变量相较于距离而言是一个更为可靠的工具变量，因为距离总配线架越远的地区，可能地理位置较为偏远，所以很可能与其他基础设施的距离也较远。例如，与交通等方面的基础设施也较远，而交通基础设施可能对劳动力市场有直接的影响。

（二）微观层面

更多的学者从微观层面分析了互联网发展对劳动者劳动参与率以及失业持续期的影响。

DiMaggio 和 Bonikowski（2008）从多个角度研究了互联网的使用对劳动者就业的意义，他们认为互联网不仅是一种技能，能够提高劳动者的劳动生产率，还是一种拓展社会资本的重要工具，劳动者可以通过网络求职、扩展私人社交以获得更多的就业渠道，从而提高就业率。此外，使用互联网还能向雇主提供一种信号，表明自己乐于而且有能力使用新技术。

互联网求职（Internet Job Search，IJS）作为互联网影响就业的重要途径之一，其对劳动者就业率的影响引起学者的广泛关注，研究结论也不尽相同（Suvankulov et al.，2012）。

Feldman 和 Klaas（2002）对网络求职的研究较早，他们的研究发现，管理者和专业人员更倾向于使用互联网寻找工作，而且当他们对求职的企业规模并无要求、希望获得更高工资时，其对互联网的使用更为频繁。但是，他们的研究发现，互联网求职相对于个人的社会网络（networks）而言，在寻找工作方面的效率并不高，但是要远远优于报纸招聘广告等途径。Fountain（2005）使用 1998 年以及 2000 年的失业者数据，分析互联网求职是否提高了劳动力供需匹配效率。他使用 Logit 模型分析了在网上找工作对短期就业的影响，发现使用互联网找工作的人在 3 个月内找到工作的概率仅有较小的提升。Kuhn 和 Skuterud（2004）则研究了互联网求职对失业者事业持续期的影响。他们的研究发现，虽然使用互联网找工作的失业者相较于不使用互联网的人群，他们的失业持续期更短，但是，当控制住其他可观测变量时，这种结论变得不显著甚至相反。他们认为有可能是互联网求职对于缩短失业者的失业持续期的作用甚微，也有可能存在不可观测变量导致估计偏误，而且是负向的选择偏误。失业者使用互联网求职可能是由于他们其他的求职方式匮乏，所以本身可能具有较长的失业持续期。Holzer（1987）分析了非正规就业渠道对白人以及黑人就业率影响的差异。他认为相较于白人，黑人更不可能从非正规就业渠道获益。原因在于，黑人家庭中近些年来女性户主的比例有所增加，这导致这些家庭中年轻人很难获得非正规的就业推荐。此外，黑人较高的失业率以及低技能劳动者占比较高的特征也加剧了这方面的困难。美国黑人与白人之间的差异能够给我国城乡差异提供借鉴，虽然后者的差异并没有前者那么显著，但是仍然存在很多的相似之处。私人推荐等非正规渠道对于农村户籍劳动者而言难以获得，此时，互联网求职相对而言可能对其帮助更大。

Kroft 和 Pope（2014）以在美国迅速扩张的 Craigslist 网站为例研究了城市层面网络求职对失业率的影响。Craigslist 网站是一个平台，用户可以在该网站上免费发布招聘广告、租房广告以及买卖二手商品等。他们的研究发现，Craigslist 网站以其接近免费的发送广告成本，极大挤出了传统的纸质广告。虽然 Craigslist 网站挤出了传统的纸质广告等招聘信息发布渠道，并且对租房市场具有显著的影响，但是其对劳动力市场的影响并不显著，没有降低地区的失业率。对于该网站为何对租房市场影响显著而对劳动力市场影响不显著，他们认为一方面是由于还存在其他互联网网站提供就业信息，分流了该网站的用户；另一方面是由于租房市场相对于劳动力市场对信息流的需求更为敏感。

Shahiri 和 Osman（2015）则研究了互联网求职对劳动者工资水平

的影响，他们认为互联网求职存在样本选择问题：一方面，使用互联网求职的可能更多是年轻、受教育程度高的劳动者；另一方面，由于网上获得就业机会的概率较小，低技能劳动者可能选择多种找工作的渠道，而高能力的人认为他们能够轻松找到工作，并不会在网上花费大量时间。

其他学者还研究了互联网的使用（internet usage）对劳动者劳动参与的影响。与宏观层面的研究关注的地区互联网普及率与地区劳动参与率之间的关系类似，微观层面的互联网使用与劳动参与之间同样存在互为因果的内生性问题：互联网的使用提高了劳动参与率，但有工作的劳动者收入更高，更有能力接入互联网，而且这种内生性问题在互联网普及率较低的地区更为严重。针对内生性问题，不同学者分别使用了工具变量法以及双重差分法从而得到了有效一致的估计。

部分学者探讨了互联网使用对女性就业的影响。Dettling（2017）使用地区互联网接入能力作为工具变量解决了该内生性问题。其通过研究发现在家使用互联网的女性参与劳动力市场的概率更高，并且发现远程办公（telework）、互联网求职以及节省家务劳动时间是这种结果的主要影响机制。宁光杰和马俊龙（2018）使用中国家庭追踪调查（CFPS）的数据，研究了互联网使用对女性劳动供给的影响。为了解决模型中的内生性问题，他们同样选取了两个工具变量，分别为样本所在区县的平均互联网普及率和样本所在省份的电子商务发展指数。研究发现，女性使用互联网能够使其劳动参与率提高 7.85%，并且互联网使用对"文盲"以及高中及以上学历的女性影响并不显著，仅对小学学历以及初中学历的女性具有正向显著的影响。所以互联网对劳动参与的作用依赖于一定的人力资本水平。除此之外，还有少数学者使用我国数据对该问题进行了一定的研究。毛宇飞和曾湘泉（2017）使用中国综合社会调查（CGSS）数据，同样分析了互联网使用对女性就业的影响。他们更侧重样本选择问题，研究发现，通过互联网获取信息有利于女性就业，尤其是非自我雇佣的就业。互联网使用对不同婚姻状况、学历及户籍女性的影响也表现出明显的异质性。潘明明等（2021）的研究同样发现，农村妇女使用互联网能够显著提升其非农就业概率。

部分学者探讨了互联网使用对农村户籍劳动者非农就业的影响。马俊龙和宁光杰（2017）使用中国家庭追踪调查（CFPS）2014年度数据，实证分析了互联网使用对农村劳动力非农就业的影响，并通过工具变量法解决了模型中由于变量互为因果导致的内生性问题。他们的研究使用了两个工具变量，分别是样本所在区县的平均互联网普及率和样本所在社区（村）的地形地貌特征。其研究结论表明，互联网使用能够有效提高农村劳动力选择非农就业的概率，包括成为工资获得者以及自我雇佣。他们还发现互联网属于技能偏向型技术进步，对高学历劳动者的影响要大于低学历劳动者。互联网至少从提高劳动者社会资本、减少家务劳动时间两个渠道对劳动者的非农就业选择产生影响。周冬（2016）使用有序 Probit 模型研究发现，互联网的使用能够有效提高农民非农就业概率，并且提高了农民收入，但是其并没有解决模型中的内生性问题。张卫东等（2021）发现互联网技能带来的信息优势是促进农民工非农就业的重要渠道。周洋和华语音（2017）研究了互联网使用对农村地区家庭创业的影响，他们发现互联网的使用对创业活动具有积极的促进作用，并指出社会交往和信息获取是其主要的影响机制。宋林和何洋（2020）发现互联网使用对农民的非农就业具有促进作用，而且促使农民从自雇向受雇转变。

部分学者探讨了互联网使用对创业行为的影响。王维维（2017）详细分析了互联网的使用对创业的影响。他将互联网的影响分为"技术效应"和"信息效应"，前者指的是互联网作为一种技术进步对创业产生的总体影响，而后者则表示互联网作为信息传递的工具，同样能够对创业产生影响。为了解决可能存在的内生性问题，其使用"家中是否拥有电脑"作为互联网使用的工具变量。湛泳和徐乐（2017）结合包容性金融，探讨了互联网作为信息渠道的重要工具对家庭创业的影响。研究发现，互联网能够带来更多的有效信息，从而促使家庭更多地参与正规金融市场，降低创业融资门槛，提高家庭创业概率。这一影响对高收入、高教育程度的家庭更为显著。

宁光杰和杨馥萍（2021）重点考察了低技能劳动者，他们发现互联网使用有利于低技能劳动力的跨产业流动。王晓峰和赵腾腾（2021）则探讨了互联网使用对残疾人就业的影响，他们得出了积极的结论。吕明阳等（2020）的研究对象是老年人，他们同样发现互联网使用能够提高老年人的就业概率。

　　互联网对就业结构影响的研究可以从宏观层面和微观层面两个角度进行分析。从宏观角度而言，主要是地区的互联网或者宽带普及率对地区就业率的影响。从微观个体角度而言，主要是互联网的使用对劳动者个人劳动参与以及事业持续期的影响。无论从宏观角度还是微观角度出发，大部分研究都发现互联网的普及对劳动者就业产生了积极的影响。相关研究的一个重点也是难点在于，在分析二者关系时，需要很好地解决互为因果或者遗漏变量所导致的内生性问题。针对内生性问题，有的学者使用了双重差分法，有的学者使用了工具变量法。由于双重差分法对数据的要求较高，更多学者采用了后者。在工具变量的选取方面，基本上采用的是地区的地形地貌特征作为互联网普及率的工具变量，如区县的海拔变化情况、市中心距离总配线架距离等。

第三节　ICT、互联网与工资结构

一、ICT 与工资结构

（一）企业层面

　　为了得到 ICT 采用对工资结构影响的因果效应，Gaggl 和 Wright（2017）利用英国对小企业 ICT 投资税收进行补贴的契机，研究了企业 ICT 采用在短期内对劳动需求以及工资结构的影响。由于税收的津贴是外生的冲击，而且这种冲击仅对小企业有效，而对类似的大企业却并没有影响，这就形成了一个自然实验。结果发现，税收的津贴促进了小企业的 ICT 投资，进而影响到企业内工人的工资水平。从事非常规性、认知密集型（nonroutine、cognitive-intense）任务的工人获得了显著的工资提升，从事常规性、认知密集型（routine、cognitive-intense）任务的工人则被替代，并且继续留在企业中的工人经受了工资水平的下降。尽管工人的平均工资水平也在上涨，但是其上涨幅度要小于从事非常规性、认知密集型任务工人的工资上涨幅度。Akerman等（2015）同样利用外生的政策冲击作为识别策略，使用挪威相关数据，分析了企业层面宽带互联网的使用对工人生产力以及工资结构的影响。结果发现，宽带互联网的使用能够提高技能工人的工资，同时降低非技能工人的工资。这是由于宽带互联网与高技能工人具有互补性，因为高技能工人从事的往往是非常规性的复杂任务，而宽带互联网对低技能工人存在替代作用，因为低技能工人往往从事常规性任务。

Santos 等（2017）发现手机、电视、电子产品和互联网都存在技能互补的特征，从而能够引起收入不平等。他们的研究构造了相关指数，来衡量技能互补性的现代 ICT 和传统 ICT 的采用率。结果发现，传统 ICT 倾向于扩大收入不平等，而现代 ICT 的影响则要小得多。此外，他们还发现这种影响在发达国家更为显著。

（二）个人层面

在互联网问世之前，人们更多研究的是互联网的互补品——电脑的收入回报。最早研究电脑对劳动收入影响的是 Krueger（1993），他使用最小二乘法（OLS）分析了使用电脑所带来的收入回报。其在控制了劳动者个人特征变量以及工作行业等相关变量后发现，使用电脑的收入回报在 10%～15%，并且该回报随着时间的推移有上升的趋势。但是，他的研究使用的是截面数据，并没有控制住样本选择等问题，得出的结果备受质疑。Dinardo 和 Pischke（1997）使用德国的相关数据，重复了 Krueger 的工作，结果发现，与美国类似，德国的电脑收入回报在 11%～17%。但是，他们又将电脑这一变量替换为计算器、电话、钢笔和铅笔等变量，同样发现了较高的收入回报，这些"白领"工具的收入回报在 9%～14%。此外，他们还将"白领"工具替换为"蓝领"工具进行研究，主要包括锤子、螺丝起子以及刷子等，发现收入回报为-10%左右。他们认为，由于研究中使用的数据是截面数据，并不能够控制住个人的固定效应。遗漏变量问题使得估计出的结果并不是使用电脑真正的收入回报，而是使用电脑的那些劳动者本来就是收入更高的群体。针对遗漏变量导致估计偏误这一情况，不同学者分别使用不同的方法加以克服。Dolton 和 Makepeace（2004）以英国数据为基础，使用 OLS 与固定效应模型分析后发现，电脑收入回报在控制个人异质性后仍然存在。Galbis 和 Wolff（2011）采用分位数回归，研究了法国地区电脑收入回报，发现其收入回报在 7%~8%。而且他们还发现，在电脑普及率较低的地区，使用电脑的收入回报更高，而在电脑普及率较高的地区，使用电脑的收入回报较低。Benavente 等（2011）研究了智利的电脑收入回报，在使用倾向得分匹配解决了选择性偏差后，他们发现在智利使用电脑的收入回报仍然为正，但是存在下降趋势：在 2000 年，使用电脑的收入回报为 26%，而到了 2006 年，该回报则降低至 16%。这篇文章的主要贡献是较早分析了发展中国家使用电脑的收入回报。

国内学者对我国电脑使用的收入回报也进行了一定的研究。陈玉宇和吴玉立（2008）使用 2005 年全国家庭普查数据，并采用倾向得分匹配模型解决选择性偏误后发现，我国的电脑使用收入回报仍然高达 20%，这表明使用电脑能够提高个人的劳动生产率。高梦滔等（2009）研究了云南地区使用电脑对青年人小时工资的影响，其使用的是 Hierarchy 模型。结果发现，在工作和生活中使用电脑的青年人的平均小时工资要提高 33%~76%。同时，他们还区分了在工作中和生活中使用电脑所带来的不同影响。刘志龙和靳文杰（2015）同样采用倾向得分匹配方法，使用中国家庭追踪调查 2010 年度数据，研究了电脑使用所带来的收入回报。结果发现，使用电脑能够带来 27.9% 的收入回报，而且农村地区使用电脑的收入回报要高于城镇地区。

二、互联网与工资结构

虽然互联网与电脑的发展密不可分，互联网的功能与电脑有类似的部分，但它们各自又有其自身的特殊性。互联网与电脑一样，能够提高劳动生产效率，但互联网还拥有电脑所不具备的功能，例如，互联网的存在使工作地点与生活地点的界限更为模糊，能够最大限度地利用时间，此外，互联网还改变了劳动供需匹配方式，使得找工作更为便利。因此，更多的学者开始研究互联网对劳动者以及劳动力市场的影响。

Goss 和 Phillips（2002）在研究信息技术（information technology，IT）对工资结构的影响时，将互联网作为信息技术的代理变量，分析了其对个人工资水平的影响。他们使用的是美国 1998 年当期人口调查（Current Population Survey，CPS）相关数据，研究发现在工作中使用互联网平均能够得到 13.5% 的收入回报。他们还对不同行业进行了分析，发现在技术密集度更高的行业，互联网的工资溢价更低，而在技术密集度更低的行业，互联网的工资溢价更高。该结论推翻了高工资集中于高新技术企业而非高技能劳动者的假设。同时他们还发现，高新技术行业吸纳了更多的高技能劳动者。Lee 和 Kim（2004）同时估计了互联网与电脑的使用对工资回报的影响，他们发现互联网与电脑都能够提高劳动者的收入，但是二者的趋势是不同的。使用互联网的收入回报在 1997 年为 12.6%，1998 年下降为 9%，而到了 2000 年该回报下降至 5%，即互联网的收入回报随着时间的推移呈现较快的下降趋势。但是电脑的收入回报较为稳定，一直在 11% 左右，仅有较小幅度的下降。

但是上述文章大多使用 OLS 模型进行分析，并没有对样本选择问题给予足够的重视。与研究使用电脑的收入回报类似，互联网的使用可能由于遗漏变量问题导致样本选择偏差，从而引起估计偏误。

DiMaggio 和 Bonikowski（2008）虽然同样使用截面数据进行分析，但是他们通过在回归模型中加入劳动者个人以前的收入以控制劳动者不可观测的特征，进而减弱甚至消除样本选择偏误。结果发现，在控制了个人特征后，互联网使用仍然带来了正向的收入回报。只在家使用互联网而在工作地不使用互联网的劳动者同样获得了收入的提高，所以作者认为互联网使用的收入回报提高不仅仅是因为提高了劳动者的劳动生产率，互联网还可能通过信息获取、社会资本的拓展影响劳动者收入。Shahiri 和 Osman（2015）使用 Oaxaca 分解方法研究了网络求职（internet job search，IJS）对劳动者收入的影响，结果发现并没有证据表明网络求职能够提高劳动者收入。他们还发现，网络求职存在较为严重的样本选择问题：一方面，使用网络求职可能更多的是年轻、受教育程度高的劳动者。但是另一方面，由于网上获得就业机会的概率较小，低技能劳动者可能选择多种找工作的渠道，而高能力的人认为他们能够轻松找到工作，并不会在网上花费大量时间。如果不对该问题进行针对性的解决，将导致估计出现严重偏误。

在中国，卜茂亮等（2011）使用中国家庭追踪调查（CFPS）2008 年度调查数据，研究了我国互联网使用的收入回报问题。他们使用倾向得分匹配模型以控制样本选择问题，结果发现在 2008 年我国互联网使用的收入回报为 60%，农村地区高于城镇地区，前者为 78%，后者为 38%。李雅楠和谢倩芸（2017）采用中国营养与健康调查（CHNS）2004 年度和 2011 年度调查数据，使用倾向得分匹配方法解决了样本选择问题。结果显示，使用互联网能够获得 18%~20% 的收入回报。为了分析不同受教育程度劳动者互联网回报的差异，他们在模型中加入了互联网与教育程度的交互项，结果显示，互联网仅与高中学历交互项的系数显著，而与小学学历、初中学历和大学及以上学历的交互项并不显著。此外，他们还分析了互联网的使用对工资不平等的影响，研究发现，互联网的使用在整体上降低了工资的不平等，但是加大了高收入群体与低收入群体之间的收入差距。互联网对高中学历劳动者的影响是造成这种冲突的原因，因为其提高了中等收入劳动者的收入水平。上述两个研究估计结果出现较大差异的原因在于他们使用数据的年份不同，前者分析的是 2008 年我国互联网收入回报情况，而后者分析的是 2011 年我国互联网收入回报情况。虽然仅有几年间隔，但是这几年中国的互联网得到快速普及，相应地，可能带来收入回报的降低。

部分学者关注互联网使用对农村劳动力收入的影响。刘生龙等（2021）使用广义随机森林模型和工具变量法估计了农村居民使用互联网的收入回报。结果发现互联网使用能够显著提高农民收入，这种正向的收入回报在青年群体、受教育程度更高的群体中更为显著。农村居民使用互联网能够获得更多的工作机会、更灵活的工作方式，这是互联网提高收入的影响机制。孙华臣等（2021）则研究了互联网深化对农户增收的影响。互联网深化能够提高农户收入，而且对青年群体、距县城较远家庭以及种植经济作物家庭的正向作用更明显。在影响机制方面，种植结构的改变、人力资本和社会资本的提升是重要的影响渠道。

韩长根和张力（2017）则使用省级面板数据实证分析了互联网普及率对城乡收入的影响，其发现互联网能够显著提高城乡收入，并且能够降低城乡收入差距。李朝婷和刘国亮（2021）考察了互联网普及与残差收入不平等之间的非单调关系。结果发现互联网普及与残差收入不平等之间存在显著的倒"U"形关系，二者之间的倒"U"形关系主要来源于下层残差收入不平等。我国其他学者则分析了互联网金融对劳动者收入以及城乡收入差距的影响（申广军，刘超，2018）。

互联网对工资结构影响的研究也可以分为宏观层面和微观层面。一方面，从宏观角度而言，分析互联网或宽带普及率对地区工资水平或工资不平等的影响。另一方面，从微观层面而言，分析互联网的使用对劳动者个人收入回报的影响。类似地，无论从宏观层面还是微观层面，相关研究均支持互联网的发展能够提高劳动者收入的结论。与互联网对就业结构的影响存在内生性不同，互联网对工资结构影响的研究重点关注的是，遗漏变量所带来的样本选择问题，学者们为了解决此问题大部分采用的是倾向得分匹配模型。

第四节 互联网与人力资本

在研究互联网与劳动参与、工资结构关系的相关文献中，相关的影响机制讨论了互联网对人力资本水平的影响，主要是互联网提高了劳动者的生产力，从而提高了劳动参与的可能性以及工资溢价。本小节则从人力资本的另外两个重要的组成部分，即教育和健康的角度回顾相关文献。

一、互联网与教育

关于互联网、计算机等信息技术对教育影响的文献集中于学生群体，分析了以互联网和计算机为代表的信息技术是否以及如何影响了学生的学习成绩。

Kulik 和 Kuiik（1991）利用 248 项有关计算机技术的使用对学生学业成绩影响的实证研究进行分析后发现，使用计算机教学对学生学业成绩具有显著的正向影响。Fleischer（2012）则通过研究 2005—2010 年的教育信息化重大投资项目，发现为每个儿童提供数字化设备不仅提高了学生学习的积极性和参与度，而且提升了他们的写作能力、使用数字化工具的熟练度等。但也有研究提出了相反的观点，Belo 等（2014）分析使用互联网学习对葡萄牙九年级学生学业成绩的影响，结果显示，当把互联网服务提供商作为互联网连接质量的工具变量时，互联网使用频率对学生学业成绩具有显著负向影响。过度使用互联网不仅对学业无益，而且对学生健康有害，减少了学生睡眠、学习和运动的时间。Goolsbee 和 Guryan（2006）研究美国加利福尼亚州政府补贴高中互联网和信息通信技术的投资项目后发现，增加学生接触互联网的机会对学生的数学、阅读和科学素养成绩均未产生显著影响。国内学者也对此进行了有益的探索。陈纯槿和王红（2013）对网上学习和混合学习的 47 项实验和准实验研究进行元分析后发现，与传统的面对面教学相比，网上学习和混合学习更有效，其中，混合学习的合并效应值为 1.423，明显高于网上学习的效应值。

此外，部分学者关注互联网的发展对在线教育的影响，并且认为以互联网为核心的现代信息技术的普及为教育公平的推进创造了条件（徐继存，2016）。陈纯槿和顾小清（2017）基于国际学生评估项目上海调查数据，利用倾向得分匹配法和夏普里值分解法实证考察了互联网使用偏好对学生学业成就与教育结果不平等的影响。结果发现，在控制了选择性偏误和家庭背景后，互联网学习偏好对学生数学、阅读和科学素养成绩都有显著的正向影响，互联网娱乐偏好则会产生负向影响。家庭的经济、社会、文化地位对互联网使用偏好与学生学业成就都有显著的影响，并且是扩大教育结果不平等的最主要因素。

二、互联网与健康

目前关于互联网对健康水平影响的研究主要集中于将互联网作为健康信息传播机制。例如，部分学者将互联网健康传播（eHealth）定义为以互联网技术为依托，向大众传播健康相关信息，帮助大众培养相关的健康观念以及采取健康行为，从而增强大众管理自身健康能力的一种科学和艺术的实践（徐晓君，2007）。有的学者将互联网传播分为四个阶段，依次是知晓健康信息、健康信念认同、形成有利于健康转变的态度以及采纳健康的行为或生活方式。互联网健康传播依托互联网信息传播的多样性，通过音频、视频、图片以及文字等方式向不同群体、不同地区以及不同文化水平的人传播健康信息，从而增强个人健康（刘瑛，2008）。美国2004年的一项调查显示，有超过八成的网民会上网搜索健康相关的信息（Fox，2005），有超过半数的网民承认会根据网上搜寻的信息进行健康决策，有90%的网民希望能够通过网络与医生进行互动，比如预约以及了解测试结果等，并且有超过三成的网民愿意为此付费。

与传统的健康信息传播途径相比，互联网在健康传播方面具有如下几点优势：第一，便捷性。互联网公布的健康信息能够快速传播，并且具有相对低廉的成本。相关调查表明，部分调查对象选择上网获取健康类信息的原因是经济、快捷和方便（俞文敏等，2009）。第二，匿名性。在互联网中进行医疗咨询，能够有效保护个人隐私，在涉及敏感性问题时不必因担心个体身份暴露而有所隐瞒。第三，交互性。人们能够透过互联网这个平台和网上的所有人交流健康方面的信息，如与具有相同病症的人建立友好关系，获得爱与尊重及归属的需要；又如在网上与医生沟通交流，甚至远程会诊。第四，共享性。例如，可以为个体建立数字健康档案，利用互联网的共享性，参考其完整的健康信息如医学体检、亚健康检测、疾病风险评估等，通过网络分别对其施行量身定制的健康教育。第五，分群性。健康信息受众对健康信息的需求是不同的，符合兴趣的信息也因群体的改变而改变，不加选择的大众化信息越来越不能满足人们的需求，随着互联网在健康传播中应用，受众将可以利用分群化"一对一"式的信息传递方式，获得个性化的信息提供，达到良好的健康信息传播效果（傅磊，2007）。

目前，相关研究的主题主要集中在不同群体，如病人、大学生、儿童家长等使用互联网获取健康信息的动机、内容、程度和影响因素（Khoo et al.，2008），以及人们对互联网上健康信息的信任度（Freeman & Spyridakis，2009）。

目前，并没有发现研究互联网使用对非认知能力影响的相关文献，这是由于非认知能力作为新人力资本的组成部分，刚刚引起经济学家的关注，相关研究仍然缺乏一定的基础，这也是未来研究的一个重要方向。

第五节　本章小结

本章主要从信息通信技术（ICT）对劳动力市场的影响以及互联网对劳动力市场的影响两个角度回顾了国内外具有代表性的文献，并且将技能偏向型技术进步作为其影响的内在理论基础。接下来对相关文献进行简单的评述。

20世纪80年代，美国劳动力市场出现了一系列新的特征，其中，对高技能劳动需求的相对上升以及技能溢价成为学者关注的问题。针对该问题，众多学者提出了不同的解释，而技能偏向型技术进步理论最终成为主流，受到学者的认可。技能偏向型技术进步理论认为技术并非中性的，而是存在技能偏向，即与高技能之间存在互补关系，而与低技能之间存在替代关系。技能偏向型技术进步理论能够很好地解释高技能劳动者需求的上涨以及技能溢价现象。技能偏向型技术进步理论是ICT影响劳动力市场的重要理论基础。在后续的实证研究中，众多学者证明了ICT属于技能偏向型技术进步，并且能够很好地解释对高技能劳动者需求的上升和技能溢价。但需要指出的是，相关的实

证研究往往采用的是企业层面的数据，从企业角度出发，研究企业中
ICT 的应用（如计算机化程度）对企业劳动力技能结构的影响。缺乏
从劳动者个人角度出发的研究，关于 ICT 对劳动者个人的影响及其机
制的研究相对较少。此外，大部分研究使用的是发达国家的数据，对
发展中国家的相关研究较少。这一方面是由于发达国家 ICT 的普及率
较高，另一方面则是由于其数据可得性较高。

不同学者使用不同国家或地区不同时期的数据，分析互联网对劳
动力市场中劳动供给、工资水平的影响所得出的结论不尽相同，原因
在于互联网发展的不同阶段，其总体的回报率是存在差异的。在互联
网普及率较高的国家和地区，使用互联网作为一种技能的溢价较低，
而在互联网普及率较低的国家或地区，使用互联网能够带来较大的收
入回报。互联网在不同国家和地区对劳动力市场影响的差异要求我们
必须使用我国的数据深入分析互联网使用在我国的收入回报情况。我
国学者对互联网的经济回报的研究主要集中在宏观领域，更多的是分
析信息化对我国区域经济增长、产业结构升级的影响，近些年开始涉
及互联网的发展对我国市场一体化以及经济增长的影响，但是相关研
究仍然较少。与宏观研究相比，针对微观劳动者的互联网使用回报相
关研究更是凤毛麟角，仅有少数几篇文献研究互联网的使用对劳动者
个体创业行为以及收益回报的影响，但是相关文献对互联网使用与就
业行为的内生性回报没有进行细致的考虑，或者使用的模型、方法存
在一定问题，得出的结果并不能够让人信服。

在对相关文献进行综合分析后，笔者认为互联网对劳动者的影响
可以划分为对劳动力市场的影响以及对劳动者个人的影响。

一方面，互联网的发展影响劳动力市场，进而影响劳动者个人就
业及其收入回报。第一，互联网的发展，尤其是网络求职的出现，极
大地提高了劳动匹配效率。第二，互联网的发展，使劳动供需匹配范
围扩大，不必局限于本地劳动力市场。而这一点对偏远地区，尤其是
农村地区尤为重要。第三，互联网发展引起新行业的发展与传统行业
的变革，在创造新的就业机会的同时造成了就业毁灭。

另一方面，互联网的使用对个人就业产生直接的影响。第一，互

联网的使用本身是一种劳动技能，能够提高劳动生产率，进而提高劳动参与率和收入回报。第二，互联网的使用能够提高人力资本水平。互联网降低了教育的门槛，使劳动者能够以较低的成本学习相关技能，从而能够提高互联网使用者的人力资本水平。第三，互联网能够扩展劳动者社会资本。互联网的即时通信能力促进了人与人之间的沟通，并且是面对面交谈的有力补充。社会资本的增加能够提高劳动者的就业渠道等。第四，互联网的使用能够传递信号。互联网的使用能够向用人单位传递这样一种信息：互联网的使用者相较于不使用者更具有创造力和求知欲，生产力更高。这种信号的传递在互联网发展早期更为明显。

第三章 互联网与劳动力市场
发展的基本事实

第一节 我国互联网经济发展状况

一、数字经济发展的总体趋势

中国信息通信研究院发布的《中国数字经济发展白皮书（2021年）》显示，2021年，我国数字经济总量达到38.6万亿元，占国内生产总值（GDP）的比重达到39.2%，呈现出双"39"的特征。数字经济已成为近年来带动经济增长的核心动力，具体数据见图3-1。在2008年，我国数字经济规模仅为4.8万亿元人民币，占GDP的比重也仅仅为15.2%。但是，数字经济的规模及在GDP中的占比连年稳步增长，到了2016年，数字经济占比已经超过GDP的三成。在随后的几年中，数字经济的规模和占GDP的比重均保持稳定快速增长。

数字经济成为我国经济发展的重要引擎，数字经济的增长速度连续多年是GDP增速的两倍多。2015年，GDP增速为7%，数字经济增速为15.8%；2016年，GDP增速为8.4%，数字经济增速为18.9%；2017年，GDP增速高达11.5%，数字经济的增速也高达20.3%；2018年，GDP增速和数字经济增速分别高达10.5%和20.9%；2019年，GDP增速和数字经济增速分别保持7.3%和15.6%的较高速度；2020年，受新冠肺炎疫情影响，GDP增速仅为3%，数字经济增速也下降至9.7%。

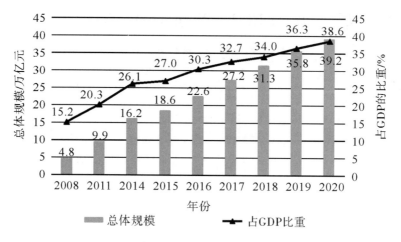

图 3-1　我国数字经济规模及占 GDP 比重

（一）数字经济基础部分结构发展趋势

首先，数字经济的基础部分在 GDP 中的占比基本保持在 6%～7%的水平，增长态势与经济总体发展趋势相仿。另外，数字经济基础部分内部结构出现新的趋势。自 2008 年至今，电子信息制造业占比持续下降，而软件和互联网行业增速较为迅猛，在经济总体中的占比也持续上升。以 2016 年为例，我国信息通信服务业收入超过 2.1 万亿元，同比增长 11.5%；基于互联网的业务收入突破 1.3 万亿元，同比增长 28.7%，占全行业比重由 2010 年的 21% 提升至 2016 年的 63%，互联网全面成为信息通信行业发展的主导力量。规模以上电子信息制造业增加值同比增长 11.5%，高于工业平均水平（6.0%）。软件和数字技术服务业共完成软件业务收入 4.9 万亿元，同比增长 15.9%①。

（二）数字经济融合部分发展趋势

在 2005 年，数字经济融合部分仅占数字经济比重的 48.95%，到了 2016 年，该比重提高到 76.90%。数字经济融合部分占 GDP 的比

---

　　① 数据来源于工业和信息化部。

重也由 2005 年的 7% 提高至 2016 年的 23.4%。在具体规模上，数字经济融合部分在 2016 年的规模为 17.4 万亿元，同比增长 22.4%，融合部分占数字经济的比重高达 77.2%，同比增长 2.7 个百分点，对数字经济增长的贡献高达 88.2%。

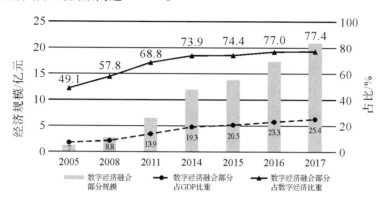

图 3-2　数字经济融合部分发展趋势

二、农业、工业和服务业数字经济发展情况

虽然我国农业产量连年增加，政府对农业方面的投入也逐年上升，但是我国农业数字化水平仍然较低，农业数字经济占比仅为 6.2%。这一数字一方面说明我国农业生产的科技含量较低，另一方面也说明我国农业生产具有较大的潜力。2016 年农业各行业数字经济占比见表 3-1。

表 3-1　2016 年农业各行业数字经济占比

排名	产业分类	数字经济占比/%
1	林产品	10.6
2	渔产品	8.2
3	农产品	6.4
4	畜牧产品	3.9

数据来源：《中国数字经济发展白皮书（2017 年）》。

我国农业数字经济占比较低的原因在于目前我国农业生产模式与美国大农场模式不同，仍然是以传统的小农经济为主，生产分散，不利于高科技含量的计算机技术和遥感技术等的应用。因此，在推动我国农业生产数字化的过程中，一方面应当注重大规模农业生产的推广，另一方面也应当注重有利于中小农户发展的信息基础设施建设。

表 3-2 展示的是 2016 年工业各行业中，数字经济占比排名前十的行业。虽然排名前十的行业数字经济占比均超过 18%，但实际上，工业平均数字经济占比仅为 17%，低于全部行业 23% 的平均水平。这说明我国工业数字化水平低于国民经济整体水平。而且从工业内部来看，各行业数字经济规模参差不齐。具体而言，以文化办公等机械设备为主的资本密集型行业要显著高于纺织、糖及糖制成品、毛纺织染等劳动密集型行业。这表明，在我国工业各行业中，资本密集型行业的数字化转型要明显快于劳动密集型行业。

表 3-2　2016 年工业前十位行业数字经济占比

排名	产业分类	数字经济占比/%
1	文化、办公用机械	58.8
2	仪器仪表	47.3
3	其他电气机械和器材	25.6
4	其他专用设备	24.0
5	输配电及控制设备	23.1
6	其他通用设备	22.7
7	家用电器	20.9
8	金属加工机械	20.3
9	电机	18.7
10	船舶及相关装置	18.4

数据来源：《中国数字经济发展白皮书（2017 年）》。

表 3-3 显示的是 2016 年服务业各行业数字经济占比情况。服务业中数字经济占本行业增加值比重前十五位分别是保险，广播、电

视、电影和影视录音制作，专业技术服务，货币金融和其他金融服务，资本市场服务，公共管理和社会组织，邮政，其他服务，教育，社会保障，租赁，水上运输，铁路运输，文化艺术，科技推广和应用服务。这些行业数字经济占比均超过全行业的平均水平。我国服务业数字化创新较为活跃，与以下几点是分不开的：首先，我国分享经济发展状况良好。2016 年我国分享经济市场交易额为 34 520 亿元，同比增长 103%。2016 年我国分享经济融资规模约为 1 710 亿元，同比增长 130%。2016 年我国参与分享经济活动的人数超过 6 亿人，比上年增加 1 亿人左右。参与提供服务者约有 6 000 万人，比上年增加 1 000 万人，其中平台员工数约为 585 万人，比上年增加 85 万人。其次，我国电子商务市场继续保持快速增长的态势。2016 年我国电子商务市场交易规模为 20.2 万亿元，同比增长 23.6%。其中，B2B 电子商务占比最高，其次是网络购物、在线旅游和本地生活服务 O2O。2016 年，我国网络购物市场交易规模为 4.7 万亿元，在整个电子商务交易市场中占比为 23.3%。同时，移动端电子商务市场发展迅猛。最后，互联网金融保持了较快的增速。2016 年，我国网络理财和网络信贷用户人数分别为 4.4 亿人和 1.3 亿人，同比增长 34.7% 和 23.6%。

表 3-3 2016 年服务业各行业数字经济占比

排名	产业分类	数字经济占比/%
1	保险	46.2
2	广播、电视、电影和影视录音制作	45.4
3	专业技术服务	40.5
4	货币金融和其他金融服务	40.3
5	资本市场服务	40.2
6	公共管理和社会组织	38
7	邮政	35.4
8	其他服务	34.1
9	教育	33.2

表3-3(续)

排名	产业分类	数字经济占比/%
10	社会保障	32.3
11	租赁	31.6
12	水上运输	29.3
13	铁路运输	28.7
14	文化艺术	28.3
15	科技推广和应用服务	26.6

数据来源:《中国数字经济发展白皮书(2017年)》。

第二节 互联网相关行业从业人员现状

互联网的普及以及互联网与传统行业的融合,能够从多个方面影响劳动者的就业。首先,互联网行业的发展,直接增加了社会对计算机、大数据等相关专业人员的需求,表现为信息传输、计算机服务和软件业从业人数的增加。其次,互联网与传统行业的深度融合,也能创造新的就业岗位。如网约车、网上外卖等行业的发展,吸纳了大量的劳动力就业。最后,互联网的发展也形成了新的就业形态,如网络直播行业的高速发展就是一个很好的例证。

一、互联网相关行业直接从业人员规模

图3-3显示的是2006—2020年信息传输、计算机服务和软件业从业人数。由图可知,信息传输、计算机服务和软件业的从业人员主要集中在城镇单位和其他单位,国有单位占比较小。从时间趋势来看,2003年,国家统计局才开始统计信息传输、计算机服务和软件业的从业人数,而且仅有城镇单位就业人员数据的统计,国有单位就业人员数据和其他单位就业人员数据从2006年开始统计,故图3-3数据从2006年开始。在经历了初期较为平缓的增长后,信息传输、计算机服务和软件业的就业人数在2013年实现了一个大幅度的提升。

以城镇单位就业人员为例，2012 年该行业就业人数为 223 万人，2013 年则迅速提高到 327 万人，增加了 100 多万就业人员。随后的几年中，该行业就业人员人数呈现出一个相对稳定的高速增长态势。截至 2020 年年底，信息传输、计算机服务和软件业城镇单位就业人数为 487 万人，国有单位就业人数为 26 万人，其他单位就业人数为 461 万人。

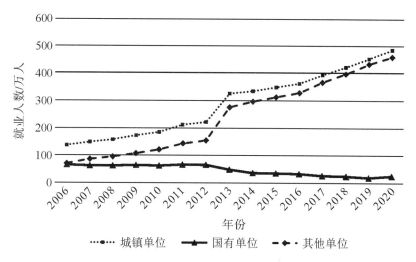

图 3-3　2006—2020 年信息传输、计算机服务和软件业从业人数

二、电子商务从业人员规模

电子商务的发展，不仅带动了更多劳动者参与创业，同时也推动了相关产业的发展，创造了新的就业岗位。图 3-4 是 2014—2020 年我国电子商务服务企业从业人员数量和增速情况。由图可知，在 2014 年，我国电子商务服务企业从业人员为 2 690 万人。相比之下，2009 年，我国电子商务服务企业直接从业人员仅为 100 万人。截至 2020 年年底，我国电子商务服务企业从业人员达到了 6 015.33 万人。电子商务的持续发展，带动各类产业的联动发展，并不断向农村市场下沉，将会创造更多的就业岗位，促进更多劳动者就业。

电子商务服务企业从业人员经历了初期的高速增长后，增速也逐渐回落，2019 年同比增速仅为 8.29%。2020 年，可能由于新冠肺炎疫情的冲击，线上活动更加频繁，带动了大批人员的线上就业，电子商务服务企业从业人员增速达到 17%。该增速是自 2016 年以来的最高值。

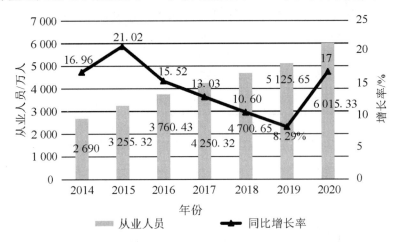

图 3-4　2014—2020 年中国电子商务服务企业从业人员数量及增速
（数据来源：《中国电子商务报告 2020 年》）

下面，分别从网约车、在线餐饮以及网络直播三个角度，分析互联网相关行业给就业带来的影响。

（一）网约车就业情况

滴滴出行平台是我国网约车的代表性企业，本节以滴滴企业相关数据说明网约车带动就业的情况。截至 2016 年 4 月，滴滴出行平台已经为 1 330 万名司机提供了就业机会①。除直接就业外，滴滴出行平台还为 4 000 余家合作伙伴提供了约 20 000 个就业岗位。

滴滴出行平台的司机以"70 后""80 后"为主。拥有家庭和孩子的男性，是滴滴平台司机的主要群体，而他们恰是目前社会的中坚力量和家庭的中流砥柱。相较于有较强物质基础的"60 后"和还未承担家庭压力的"90 后"，30 岁左右群体的生存压力更大。另外，他

　　① 数据来源于 2016 年《移动出行与司机就业报告》。

们接受新事物和操作手机 APP 的能力也较强，比较喜欢社交，对于网络叫车、利用私车进行兼职等抱有开放的心态。

平台司机以男性为主，但同时还解决了超过 237 万女性群体的就业问题。根据《滴滴数字平台与女性生态研究报告》，8 年来，全球共有 271.5 万女性网约车司机在滴滴平台获得收入，其中包括 237 万中国女性。在新冠肺炎疫情冲击下，数字平台成为女性从业者的重要选择。2020 年以来，国内新注册的女性网约车司机超过 26.5 万人。

专快车司机中自由职业者占 56%，其次为普通公司员工，占比为 26.6%，而代驾司机身份以物流司机、公司司机、小生意经营者为主。可见，移动出行行业并没有设置较高的学历门槛，能解决更多的就业问题，同时，移动出行行业也吸纳了很多因传统行业调整或者因生意不景气而转移过来的人群。

滴滴平台上的业务覆盖 400 多个城市，司机来自全国各地。81.0% 的司机（2016 年 1 月顺风车、专快车司机）分布于中国的东、中部较为发达的地区，如浙江、广东、北京、湖北、四川等。司机总量最多的是广东、北京、浙江、四川、湖北、江苏。由此可见，滴滴平台的业务更多在大中型城市，小城镇以及农村地区并未普及，在相关区域内的劳动者也无法因此获得更多的就业机会。

（二）外卖从业人员概况

以美团外卖为例[①]，2017 年，美团外卖拥有骑手 226 万人[②]。而这些外卖骑手，有以下特征值得关注：

第一，性别分布。男性骑手占比 90%，女性骑手占比仅为 10%。外卖送餐较为辛苦，对体力要求较高，相对而言男性更具有优势。

第二，年龄分布。如图 3-5 所示，外卖送餐人员以"80 后"和"90 后"为主，其中，"80 后"占比 43%，"90 后"占比 39%。值得

---

① 根据《2017 年上半年中国外卖 O2O 行业发展分析报告》相关数据，在 2017 年，美团外卖送餐骑手超过饿了么，成为骑手数量最多的外卖平台，所以相对而言最具代表性。
② 数据来源于《2018 年外卖骑手群体研究报告》，本小节其他数据来源如未做特殊说明，均来源于此报告。

注意的是，"60 后"和"70 后"的总占比也达到了 17%。外卖行业的发展一定程度上促进了中老年劳动者的就业。

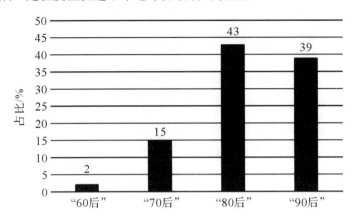

图 3-5　美团外卖骑手年龄分布

第三，人员户籍构成。如图 3-6 所示，有 75% 的骑手来自农村，有近七成的骑手选择离开家乡在外地打拼，这些骑手大多来自河南、安徽、四川、江苏、广东等省份。外卖行业为农村劳动力提供了丰富的就业岗位，《2018 年外卖骑手群体研究报告》指出，有 41.6 万骑手来自这些省份的贫困县，占总骑手人数的 18.4%。在 592 个贫困县中，有外卖骑手（有外卖订单的计入，仅注册的不计）的县达 578 个，覆盖率高达 98%。

第四，上一份工作情况。我们关注在成为外卖骑手之前，这些劳动者的工作情况是怎样的，具体的工作分布见图 3-7。由图可知，上一份工作占比最高的是去产能产业工人，这说明外卖行业为潜在的失业人员提供了良好的就业岗位。其次是餐饮从业人员、个体户以及快递员或配送员，这说明外卖行业能够吸引相关行业的就业人员参与就业。而在离开上一份工作原因方面，工作时间不灵活成为最主要的原因，占比 26%，其次是收入低，占比为 18%。此外，个人或家庭原因、单位裁员或单位倒闭以及工作比较辛苦都是外卖骑手离开上一份工作较为重要的原因。

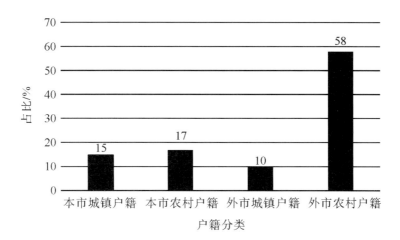

图 3-6 美团外卖骑手户籍构成

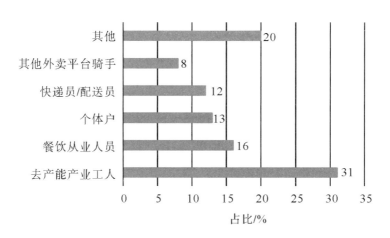

图 3-7 上一份工作类型分布

第五，工作形式。目前94%的外卖骑手属于兼职，而全职做外卖骑手的占比仅为6%。而在兼职骑手中，主要的从业人员是餐饮从业人员、纺织电子等轻工业工厂人员、个体工商户、保安、钢铁煤炭等传统重工业工厂工人以及快递员或配送员。这说明外卖行业由于时间方面的灵活性，能够吸引部分低收入、时间充裕的劳动者进行兼职，从而获得更高的收入。

（三）网络直播从业人员概况

本小节以网络直播从业人员为例，分析了互联网对就业的影响，原因在于网络主播中女性从业人员占比较高。根据移动社交平台陌陌发布的《2017主播职业报告》，网络主播中，女性主播占比高达85.8%，男性主播占比不足15%[①]。男女从事网络直播的原因存在差异，54%的男主播看重通过直播结识朋友；而35.3%的女主播更看重通过直播获得收入。在收入方面，约35%的全职主播月收入高于8000元，6.6%的全职主播月收入高于3万元。陌陌直播平台上2017年度全国十大女主播冠军"狮大大"，在决赛当晚创造的收入达到2147万元。

虽然做网络直播对教育程度并没有要求，但是高学历主播的收入仍然高于低学历主播。具体而言，月收入在3000元以下的主播，以高中及以下学历主播为主；而在月收入8000元以上的主播中，大学及以上学历的主播占比更高，达到63%；在月收入3000~8000元的主播中，高学历和低学历的主播占比基本持平。

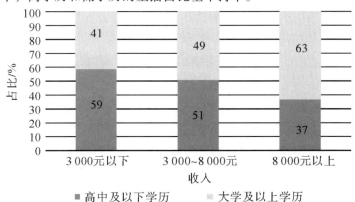

图3-8 不同学历主播月收入占比

（数据来源：《2017主播职业报告》）

---

① 东三省的男性主播比例为63.3%。

第三节　本章小结

本章主要通过数据描述的方式论述了互联网的发展对劳动力市场尤其是劳动者就业的影响。

总体而言，互联网的发展对劳动者就业产生影响有下列四种渠道：第一，通过影响经济总量进而增加对劳动力的需求，从而影响劳动者就业。我国数字经济占比逐年提高，互联网对经济增长的作用越发显著，对就业的拉动作用也会逐渐增强。第二，互联网行业的发展直接带动就业。如电子商务的发展以及网络游戏等行业的发展，会增加对具有一定互联网技能劳动者的需求。软件开发、游戏设计等技能需求将会持续走高。第三，互联网与传统行业融合将改变劳动力的需求规模。"互联网+"在我国乃至全世界持续升温，与出租行业的融合形成的网约车、与餐饮行业融合形成的网络外卖、与直播行业融合形成的网络直播等，都成为拉动就业的新就业形态。第四，互联网行业发展带动其他行业的发展也创造了新的就业岗位。例如，淘宝、京东等网络购物平台的兴起，促进了快递行业的空前发展，带动大批劳动者就业。

互联网发展引起就业的变动，相关从业人员结构也呈现出新的特点。首先，部分行业对劳动者的学历并无要求，促进了低学历、低技能劳动者的就业。如网约车司机、外卖从业人员以及网络主播等就业岗位，吸纳了较高比例的低学历劳动者，提高了他们的收入水平。其次，相对于男性而言，女性劳动者在部分行业更具有比较优势，就业概率更大、收入更高。例如在网络直播行业，女性主播占比超过八成。网络相关企业的客服，女性劳动者的比例也更高。这一定程度上能够降低性别歧视，并促进女性劳动者收入提高，缩小性别收入差距。最后，上述互联网对就业的影响更多地发生在城市地区，农村地区和小城镇并没有完全融入互联网，不能享受相关的数字红利。农村仍然存在潜在的剩余劳动力，互联网在农村地区的渗透，将进一步推动农村地区的发展以及农民收入水平的提高。

第四章　互联网使用对劳动参与的影响

　　本章从劳动者个人角度出发，分析了使用互联网对个人劳动参与、就业类型的影响，并讨论了可能的影响机制。正如第二章文献综述中所述，使用互联网与参与就业之间存在一定的内生性问题，就业的劳动者有更强的购买力，更有可能使用互联网，反向因果将导致估计偏误。如果劳动者的就业所带来的收入导致了使用互联网比例的上升，那么将是否就业对是否使用互联网进行直接回归将高估互联网对就业的影响。为解决此内生性问题，本书构造了两个工具变量并使用Biprobit 模型进行估计。此外，本章还讨论了互联网使用对劳动者就业形态，即是成为工资获得者还是自我雇佣者进行了分析。互联网使用对不同就业形态的影响的差异，不仅反映了互联网对不同行业发展的影响不同，而且是劳动者个体能力差异的体现。互联网对就业形态影响的城乡差异、性别差异则是具体的体现。对这些差异进行分析，有利于针对互联网的特点制定相应的政策措施，从而更好地促进就业率的提升以及经济活力的迸发，从而更好地推动经济增长。

第一节　相关理论基础

　　第二章回顾了关于互联网对就业影响的相关文献，本节则主要介绍一下影响个体劳动参与以及创业行为的因素。

一、影响劳动供给的因素

在经典的劳动供给模型中，存在一条"背弯的劳动供给曲线"，即一开始随着工资水平的上升，劳动供给会上升，但是当工资水平上升到一定阶段后，劳动供给反而会下降。这是由于劳动者仅有一定的时间在劳动和闲暇之间分配，而劳动属于劣等品，闲暇属于正常品。工资水平的上升一方面会带来收入的增加，而收入增加则会降低对劣等品——劳动的消费，而增加对正常商品——闲暇的消费，这便是收入效应。但是，工资水平一方面又可以看作是闲暇的价格，工资水平的上升表明闲暇价格上升，由此又会导致劳动对闲暇的替代，这便是替代效应。在前期，替代效应大于收入效应，劳动供给随着工资的上升而提高，而到了后期，替代效应则小于收入效应，劳动供给反而随着工资的上升而下降。一般而言，工资水平达到背弯的概率较小，更多的是替代效应大于收入效应，劳动者倾向增加劳动供给时间以获得更高的收入水平（Blau & Kahn，2007）。

上述现象发生的前提是市场的工资水平高于劳动者的保留工资（reserve wage），即劳动者选择工作时所愿意接受的最低工资。影响保留工资高低的因素有很多，家庭财富是其中较为重要的一个。一般而言，财富水平越高，劳动者面临的预算约束更宽松，更倾向于消费闲暇，减少劳动供给。Rogerson 和 Wallenius（2009）认为，在分析家庭的劳动供给行为时，必须控制家庭的初始财富状况。在分析家庭劳动供给行为时，配偶的收入状况可能影响个体的劳动参与情况。Woodland（1976）的调查发现，丈夫工资的上涨不会对妻子的就业行为产生影响，但是妻子工资的上升则可能促进丈夫劳动供给的上升。Shaw（1992）的研究发现了不同的结论，其发现丈夫的终生期望收入对妻子的劳动供给产生了显著的负向影响。夫妻间劳动供给行为的互相影响是存在差异的，因为女性往往由于在家务劳动方面更具比较优势，更多的是参与家庭劳动而非市场劳动（Gronau，1973）。

此外，其他影响家庭财富或者市场工资水平的因素也会影响个人的劳动供给情况。例如，劳动力市场越完善，就业机会越多，信息越完全，搜寻匹配的过程就越短，这些因素通过缩短失业持续期而增加了劳动供给。

二、影响创业的因素

创业行为的影响因素主要包括两大类，一类是内部因素，即个人特质，如年龄、性别、人力资本水平、风险偏好、资产状况、社会网络和家庭背景等；另一类是外部的环境因素，包括社会经济环境、制度环境和法制环境等。

（一）内部因素

刘鹏程等（2013）采用 Oaxaca–Blinder 分解方法分析了在创业行为中的性别差异。他们发现，女性创业的概率要显著低于男性，这一现象的主要原因在于女性的机会型创业比例更低。更为深层次的原因在于女性的人力资本水平和社会资本水平相对较低，影响了女性进行机会型创业和生存型创业，而且前者的影响更大。

李涛等（2017）则分析了认知能力对创业行为的影响。他们在考虑了内生性问题之后发现，综合的认知能力并没有对创业行为产生显著的影响。但是，这个结果是受行业的管制水平影响的。在管制水平较高的行业中，认知能力对创业具有负向影响，而在管制水平较低的行业中，认知能力则促进了创业行为。

创业需要一定的资金门槛，Evans 和 Jovanovic（1989）的研究发现，流动性约束阻碍了低收入群体的创业活动。所以放松流动性约束的改革或行为能够有效促进创业行为的产生，尤其是对低收入群体而言（周京奎和黄征学，2014）。

传统的创业理论一直忽视了宗教信仰对创业的影响，针对这种情况，阮荣平等（2014）使用中国综合社会调查（Chinese General Social Survey，CGSS）相关数据分析了个人宗教信仰对创业行为的影响，并分析了其内在机制。针对二者可能存在的内生性问题，他们采用历史上省级层面的宗教场所数量作为工具变量,得到了稳健的结论。结论表明,宗教信仰能够显著提升劳动者创业的概率,宗教信仰可能通过影响个体创业偏好、社会资本以及人力资本投资而对创业行为产生影响。

(二) 外部因素

进入管制是制度因素中影响创业行为的最为重要的一个。Djankov 和 Murrell (2002) 将开办新企业所需要的行政审批步骤、审批时间以及行政费用作为衡量进入管制的指标,并使用 85 个国家的相关数据进行分析。结果发现进入管制越严重的国家,腐败活动越猖獗,也存在更大比例的非正式经济。后续的实证研究发现,进入管制的资本要求越低 (Stel & Storey, 2007)、行政审批时间越少 (Ciccone & Papaioannou, 2007)、对创业者学历要求越低 (Prantl & Spitz - Oener, 2009),越能提高创业或者自雇行为的发生。张龙鹏等 (2016) 则分析了我国行政审批程序对创业行为的影响,结果发现我国行政审批强度不仅影响了创业行为的倾向,而且降低了创业的规模。倪鹏途和陆铭 (2016) 同样发现,国企占比高的城市其创业倾向低,并且这种抑制作用对服务业尤为显著。

陈刚和陈敬之 (2016) 则分析了产权制度对创业行为的影响。结果发现,完善产权保护制度能够有效提高个人创业概率。但是这种影响是存在异质性的,完善产权保护对低收入组的创业行为具有显著影响,但对高收入组的创业行为影响并不显著。

近些年房价的持续上涨引起了学者的关注,他们开始研究房价对创业行为的影响。由于住房兼有居住和投资两种属性,如果房价上涨,会为创业行为带来"财富效应"以及"替代效应",前者是指房价上涨导致住房拥有者资产升值带来的财富增加,后者则指住房作为投资品的预期收益较高吸引了投资从而挤出了创业。吴晓瑜等 (2014) 分析了房价上涨对创业行为的影响,结果发现房价上涨对有房人群和无房人群的影响存在差异。房价上涨虽然给有房人群带来了正向的财富效应,有利于创业,但同时负向的替代效应也显著存在。

对于无房人群而言，不存在财富效应而仅存在负向的替代效应。房价上涨最终表现为对创业行为的挤出。

第二节　理论模型与研究假说

一、时间分配模型

本节以 Becker（1965）的时间分配模型来阐述互联网对劳动参与的影响。在该模型中，个体对一系列家庭生产商品具有一定的偏好，这些家庭生产商品的生产需要耗费从市场上购买的原材料等投入品与个体自身的时间。家庭生产的商品指的是美味的饭菜、干净整洁的房间或者看电视等休闲活动。举例来说，个体购买各种食材，并投入时间一同生产美味可口的饭菜。个体的时间可以被用于家庭生产或者劳动市场。花费在劳动市场的时间可以获取工资，用于购买家庭生产的原材料等投入品。

该模型与传统的劳动闲暇选择模型具有相同点，也具有一定的差异。相同点在于个体同样面临劳动与闲暇的替代，不同点在于该模型的个体还面临家庭生产商品中投入时间与购买原材料之间的替代。以做饭为例，个体可以选择以较低成本购买原材料然后花费较多时间在家中进行烹饪，也可以选择以较高成本购买快餐等以节省时间。个体对两种做法的选择代表了其时间与投入品之间的弹性大小，而这些弹性在不同个体、不同家庭生产商品中存在差异。闲暇与家庭生产商品的概念可能出现混淆，一个区分的方式是二者的替代弹性。闲暇一般被认为是缺乏弹性的，例如个体花钱请另外一个个体看电影，前者很难得到相同的愉悦感。但是，家庭生产商品是存在一定的替代性的。如美味的饭菜，无论是亲自下厨还是保姆做饭，食用时获得的愉悦感是类似的。换句话说，投入品的增加会增加在闲暇商品中花费的时间，但是会减少在家庭生产商品中花费的时间。

该模型假设每个个体都消费两种商品，即从市场上购买的商品 c 以及家庭生产的商品 h。此时，家庭生产的商品可能是闲暇商品也可能是家庭生产商品。这些商品的生产需要从市场上购买投入品 x 以及个人时间在此方面的投入 t_h，即 $h = f(t_h, x)$。个体的效用函数设定如下：

$$U(c) + V(h) \tag{4-1}$$

其中，U_c，$U_h > 0$，并且 U_{cc}，$U_{hh} < 0$；家庭生产商品的方程是规模报酬不变的，并且满足 f_t，$f_x > 0$，f_{tt}，$f_{xx} < 0$。投入品 x 的价格为 q，商品 c 的价格标准化为 1；花费在市场上的时间（即工作的时间）为 t_m，而且每当个体花费 t_m 单位的时间去工作时，就必须支付 ρt_m 单位的成本（$0 < \rho < 1$），这成本可能来源于上下班的通勤费用等各项必要的支出。因此，个体的预算约束为

$$c + qx = w(1 - \rho) t_m + B \tag{4-2}$$

其中，B 为非工资收入，或者说家庭资产。家庭资产能够影响个人的劳动供给决策，对于已婚人士来讲，B 更多指的是配偶的收入等。w 是劳动力市场的平均工资率。每个人的时间禀赋为 T，所以时间约束为

$$T = t_h + t_m \tag{4-3}$$

因此，每个个体在预算约束以及时间约束下最大化效用水平，构造相应的拉格朗日函数：

$$L = U(c) + V[f(t_h, x)] + \lambda[(1 - \rho) wt_m + \\ B - qx - c] + \mu(T - t_h - t_m) \tag{4-4}$$

对拉格朗日函数关于 t_h 以及 t_m 求导并整理得

$$\frac{\mu}{\lambda} \leqslant w(1 - \rho) \tag{4-5}$$

$$V_h f_t = U_c w(1 - \rho) \tag{4-6}$$

由于 μ 表示放松时间约束时的边际效用，而 λ 表示放松预算约束时的边际效用，所以 $\frac{\mu}{\lambda}$ 可以表示为时间的影子价格（Gronau，1977）。如果市场上的工资满足 $w(1 - \rho) \geqslant \frac{\mu}{\lambda}$，个体将选择去工作，否则将不去工作。如果给定市场的工资率 w，而工作的成本 ρ 存在递

减的情况，那么个体所面临的纯收入 $w(1-\rho)$ 将会逐渐变大最终会超过时间的影子价格 $\dfrac{\mu}{\lambda}$，此时个体将选择工作。互联网对劳动参与产生的第一个影响在于其可以降低通勤成本 ρ，例如互联网的发展促进了在家办公等工作形式的发展，极大降低了通勤成本 ρ，从而增加了纯收入，提高了参与就业的可能性。

互联网的使用还能够影响观测到的市场工资率 w。假设观测到的市场工资率由下式决定：$w = p\,w^{\text{high}} + (1-p)\,w^{\text{low}}$。这表明个体有 p 的概率观测到高工资，而有 $(1-p)$ 的概率观测到低工资。如果个体通过网络求职等渠道能够有更高的概率观测到高工资，那么 w 将变大，直至超过时间的影子价格，个体将选择进入劳动力市场。此外，如果互联网的使用能够提高劳动者的生产率，那么这也将提高其观测到的工资，包括 w^{high} 和 w^{low}。观测到的工资的提高也将导致个体进入劳动力市场。

互联网的使用除了影响劳动力市场之外，还对家庭生产商品产生重要的影响。互联网对家庭商品生产的影响可以看作是生产过程中的技术进步，而这种技术进步体现在家庭商品生产的投入品的增加。假设原先购买的投入品数量为 x_1，使用互联网后，个体能够以相同的成本即 qx_1 购买到 x_2 单位投入品，而且 $x_2 > x_1$，则 $f(t_h, x_2) > f(t_h, x_1)$。也就是说，个体在使用互联网后，由于互联网带来的技术进步，他可以在投入相同的劳动时间 t_h 的前提下，生产更多的家庭生产商品 h。类似地，对于固定的家庭生产商品 h，互联网带来的技术进步意味着需要投入的时间以及其他投入品都下降。例如，个体在使用互联网之前，购买衣物等商品时需要花费大量时间用于逛街以及排队支付，而在使用互联网之后，他足不出户便可购买天下衣物。所以互联网的使用可以用投入品 x 数量的增加来体现。

为了简化分析，在此将家庭生产商品的效用函数表示如下：

$$Z(t_h, x) = V[f(t_h, x)] \tag{4-7}$$

将此式带入（4-6）式并全微分，整理可得

$$\frac{\mathrm{d}t_m}{\mathrm{d}x} = \frac{Z_{tx}}{Z_{tt} + U_{cc}\, w^2\,(1-p)^2} \qquad (4-8)$$

因为 Z_{tt} 和 U_{cc} 均小于零，所以等式右边分母也小于零，$\frac{\mathrm{d}t_m}{\mathrm{d}x}$ 的符号取决于 Z_{tx} 的符号，而 Z_{tx} 的符号反映了时间与投入品之间是互补品还是替代品。

对于休闲品来说，例如看电视、玩游戏等休闲活动，时间与投入品属于互补品，$Z_{tx} > 0$，所以 $\frac{\mathrm{d}t_m}{\mathrm{d}x} < 0$。也就是说，休闲活动等行为将导致互联网使用降低劳动参与率。对于家庭生产商品来讲，例如干净整洁的房间、可口美味的饭菜，时间与投入品是替代品的关系，即 $Z_{tx} < 0$，所以 $\frac{\mathrm{d}t_m}{\mathrm{d}x} > 0$。也就是说，互联网的使用如果应用在家庭商品生产方面，则会提高劳动参与率。因此，互联网使用对劳动参与的影响，取决于个体在家中消费休闲品与家庭生产商品的比例，如果休闲品消费得多，则互联网使用对劳动供给的影响是负向的，如果家庭生产商品消费得多，则互联网使用对劳动供给是正向的促进作用。

综上所述，互联网对劳动参与的影响主要包括以下几个方面：第一，降低通勤成本 ρ，例如互联网的发展促进了在家办公等工作形式的发展，极大降低了通勤成本 ρ，从而增加了纯收入 $w(1-\rho)$，通勤成本减少得越多，纯收入越高，当纯收入超过时间的影子价格时，劳动者便会参与就业。因此，互联网能够提高参与就业的可能性。第二，互联网的使用还能够影响观测到的市场工资率 w。假设观测到的市场工资率由下式决定：$w = p\,w^{\mathrm{high}} + (1-p)\,w^{\mathrm{low}}$。互联网从两个方面影响观测到的市场工资率。一方面，互联网提高劳动供需匹配效率，如果个体通过网络求职等渠道能够有更高的概率 p 观测到高工资，那么 w 便会增加；另一方面，如果互联网的使用能够提高劳动者的生产率，例如，网络搜索能力降低信息获取成本提高工作效率，那么这也将提高其观测到的工资，包括 w^{high} 和 w^{low}，在观测到高工资概率 p 不变的前提下，也能提高市场工资率。第三，互联网的发展作为一种技术进步，能够影响家庭商品的生产过程。体现在家庭生产商品的投入品 x 的增加上。而互联网的发展对劳动市场时间 t_m 的影响是不确定的，其方向受到劳动者家庭生产的商品是闲暇等休闲品还是美食等家庭生产商品的影响。如果家庭生产的商品是休闲品，那么互联网的使用将阻碍个体的就业，反之，如果是家庭生产商品，则互联网的使用将提高劳动参与的概率。

总而言之，互联网使用对劳动供给总的影响是不确定的，既受休闲品与家庭生产商品消费比例的影响，又受到参与劳动力市场的工作成本 ρ、市场工资率 w 的影响①。互联网使用对劳动供给的具体影响仍需通过实证方法进行分析。

二、研究假说

根据上述的理论模型，互联网的使用至少能够从几个方面影响个人的就业行为：首先，互联网的使用提高了个人的实际工资水平，促进了就业概率的提高。实际工资水平的提高，主要是由两个原因造成的：一是通勤成本的下降，二是观测到的市场工资水平的提高。后者又包括观测到高工资概率的提高以及实际工资水平的提升。其次，互联网的发展作为一种技术进步，能够影响家庭商品的生产过程。互联网的这种影响根据家庭生产的商品的不同而存在不同的影响。如果家庭生产的商品是闲暇等休闲品，则互联网的使用将增加花费在闲暇之中的时间，进而降低劳动参与的概率；如果家庭生产的商品是家庭生产商品，则互联网的使用能够降低花费在其生产过程中的时间，从而提高劳动参与的概率。互联网的后一种影响是不确定的，因为互联网带来的家庭生产效率的提高所节省的时间并不一定用于劳动参与，即便是用于劳动参与，其影响规模可能小于实际工资水平上升所带来影响。基于此，本书提出以下研究假说：

---

① 工资对劳动供给的影响也具有复杂性。一方面，受替代效应影响，工资率的上升提高了休闲等商品的机会成本，会减少休闲而增加劳动供给；另一方面，受收入效应影响，工资率的上升提高了收入，会引起休闲等正常品需求的上升，从而降低劳动供给。

假说一，互联网使用能够提高个体的劳动参与概率。

互联网对个体劳动参与的影响可能存在性别差异。首先，由于女性的劳动参与率较低，家务劳动使得其有更多碎片化的劳动时间，所以互联网的使用可能对女性的劳动参与具有更为显著的影响。其次，自我雇佣等在家工作的形式，能够尽可能避免劳动力市场上存在的性别歧视、户籍歧视以及学历歧视等问题，这也能够影响劳动者的就业选择。而女性劳动者在市场上面临的歧视更为明显，互联网的发展可能因为对歧视问题的解决从而对女性的劳动参与影响更为显著。最后，互联网在家庭生产的商品方面随着闲暇以及家庭生产商品的比例不同而对就业产生不同的影响。家庭生产商品在总产品中的比例越高，互联网对劳动参与产生的正向影响越大。虽然我国男女平等的观念深入人心，但是"男主外，女主内"的家庭生产方式仍然在更大范围内存在，也就是说，男性在家更多地享受闲暇，例如看电视、玩游戏等；女性在家更多地进行家庭生产商品的生产，如做饭、洗衣服和打扫卫生等。由于女性生产家庭生产商品的比例更高，互联网的使用对女性劳动参与的影响可能更大。基于此，本书提出第二个研究假说。

假说二，互联网使用的就业促进作用对女性群体更为显著。

互联网提高劳动供需匹配效率，提高观测到高工资的概率，从而提高劳动参与率，这一结论是针对高技能劳动者的。如果是低技能劳动者，随着劳动供需匹配效率的提高，其观测到高工资的概率可能更低。例如，在劳动力市场不完善时，低技能劳动者可能通过社会资本等途径获得了高于自身能力的工资水平，但是随着供需匹配效率的提高，这种通过非正常途径获得工资溢价的现象将会减少。因此，在其他影响渠道相同的情况下，互联网使用对高技能劳动者的正向影响可能高于低技能劳动者。而我国城乡户籍劳动者由于人力资本水平方面存在较大差异，城镇户籍劳动者中存在更高比例的高技能劳动者（以受教育程度来判定），农村户籍劳动者中存在更高比例的低技能劳动者。基于此，提出本书的第三个研究假说。

假说三，互联网使用的就业促进作用对城镇户籍个体更为显著。

互联网使用对通勤成本的影响是基于以下事实：互联网的产生与发展提高了在家工作的可能性，从而避免了上下班的通勤时间。互联网的发展催生了更多的灵活就业方式，使企业能够将生产过程细分为更多的部分外包出去，劳动者可以利用更多碎片化的时间进行生产，这样促进了兼职的流行，而兼职与全职工作相比，时间更为自由，可能在家工作的现象更为普遍。互联网的发展降低了自我雇佣的成本，例如网络销售甚至不需要实体店铺便可进行商品的生产和销售，这样，更多的劳动者可能加入自我雇佣的就业类型。自我雇佣相较于工资获得者而言，更有可能在家工作。基于此，本书提出第四个研究假说。

假说四，互联网使用对自我雇佣者的影响要大于对工资获得者的影响。

第三节　数据来源与变量说明

一、数据来源及变量选取

本书的数据采用的是中国家庭追踪调查（China Family Panel Studies，CFPS）2010 年度和 2014 年度调查数据①。CFPS 采用科学的抽样方法，覆盖除西藏、青海、新疆、宁夏、内蒙古、海南、香港、澳门和台湾之外的 25 个省（自治区、直辖市），目标样本规模为 16 000户，调查对象包含样本家户中的全部家庭成员。CFPS 收集了样本中个人、家庭以及社区三个层次的数据，涵盖了人口统计学特征、家庭收入支出以及社区相关信息，最为重要的是，对于本书关注的核心变量——互联网的使用，其进行了详细的访问，而且对就业、就业类型以及退出劳动力市场的原因都进行了询问，提供了较为翔实的数据，能够作为本书研究问题优质的数据来源。

本书的计量模型设定如下：

$$participation_i = \alpha + \beta\, internet_i + \gamma\, X_i + \mu_i \tag{4-9}$$

———————————

① 之所以不使用 2012 年度调查数据，是因为 2012 年度调查数据并没有询问互联网的使用情况。

$internet_i$ 是本书的核心解释变量，表示互联网使用的相关变量，包括是否使用互联网，以及使用互联网的频率和目的，如使用互联网进行学习、社交、工作、娱乐以及商业活动的频率。其中，核心解释变量为是否使用互联网，来自问卷中的问题"您/你是否上网①?"，选择"是"设定为使用互联网，否则为不使用互联网。

$participation_i$ 是本章节关注的核心被解释变量，包括劳动参与率和就业类型等。经济学中对劳动参与率的定义为经济活动人口占劳动年龄人口的比重，其中，经济活动人口包括就业②者和失业者，而劳动年龄人口指的是 16~64 岁人口。本书按照此定义，将样本年龄限制为 64 岁及以下年龄人口，并对劳动者是否参与劳动进行了定义，如果劳动者有工作或者失业（没有工作但最近一个月在积极地寻找工作）则定义为经济活动人口，否则表示退出劳动力市场。

X_i 是影响劳动参与的其他控制变量，主要分为三个类别：一是个人特征变量，包括性别、年龄、民族、户口性质、受教育程度以及婚姻状况等变量；二是家庭特征变量，包括配偶受教育程度、父母受教育程度；三是地区特征变量，主要为地区虚拟变量，以控制省份的固定效应。

二、数据描述

图 4-1 表示以 CFPS 数据计算得出的不同出生队列人口的劳动参与率情况与互联网普及率。图中有几个趋势或者特点值得关注。首先来看劳动参与率情况。一个显著的特点是 2014 年的总体劳动参与率高于 2010 年，青壮年人口（20~40 岁）的劳动参与比例最高，超过 40 岁之后，劳动参与比例逐渐下降③。从 1960 年（在 2010 年调查期间为 50 岁）起，每一个出生年份在 2014 年的人口的劳动参与率均高于 2010 年，并且提升最大的是 1980 年左右出生的人群。虽然 1960 年

---

① "上网"指通过电话线、局域网、无线网等各种方式接入互联网的行为。

② 就业不仅包括获得工资的形式，而且包括务农以及自我雇佣等形式。

③ 由于本书将正在上学的人口也定义为退出劳动力市场，所以在 1990 年之后的劳动参与比例会有一个明显的向下的跳跃。

以前出生的人口在两年间的劳动参与情况没有发生显著变化，但是从
年龄来讲，每个年龄段的人口在 2014 年的劳动参与率均高于 2010 年
(举例而言，1960 年出生人口在 2010 年为 50 岁，而 1964 年出生人口
在 2014 年同样为 50 岁，但是后者劳动参与率要高于前者)。其次来
看不同出生队列互联网普及率情况。一方面，互联网普及率在每一年
均呈现出随年龄增加而下降的趋势；另一方面，2014 年互联网普及率
要高于 2010 年，但是 1960 年出生队列的人口在 2014 年的互联网普及
率相较于 2010 年并没有显著的提高。值得关注的是，1960 年出生队
列的人口劳动参与率也没有发生大的变动，这二者之间是否存在一定
的因果关系值得讨论。也就是说，如果 1960 年之前出生队列人口的
劳动参与情况在两个年份中没有发生太大的变化，是否与该出生队列
人口的互联网普及率没有发生太大变化有关？如果这种情况存在，那
么互联网使用对劳动者个人的劳动参与可能存在正向的影响。这也是
后文中实证部分要验证的问题。

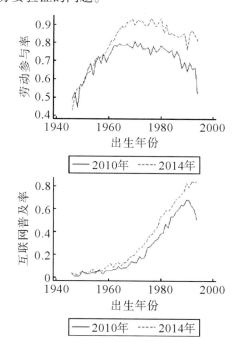

图 4-1　不同出生队列劳动参与比例与互联网普及率

图 4-2 描述了不同出生队列劳动参与率与互联网普及率的性别差异。男性和女性的劳动参与率和互联网普及率呈现出与总体相似的趋势，但是也存在一定的性别差异。

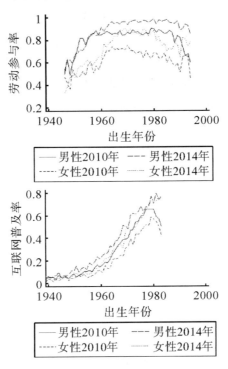

图 4-2　不同出生队列劳动参与率和互联网普及率的性别差异

首先，无论男性还是女性人口，其劳动参与率的趋势与总体趋势基本一致，即 2014 年劳动参与率较 2010 年有所提高。其次，男性与女性的劳动参与趋势还存在着一定的差异。一方面，从 2010 年到 2014 年，青壮年女性人口劳动参与率较青壮年男性有更大幅度的提高，2014 年女性劳动参与率甚至在某些出生队列中超过了 2010 年男性的劳动参与率。与这个趋势相一致的是从 2010 年到 2014 年，青壮年女性互联网普及率相较于青壮年男性也有了较大幅度的提升。这两种现象提出了一个问题，即二者何为因，何为果的问题。换句话说，是由于青壮年女性的劳动参与率上升，引起收入的提高，从而在家庭中的议价能力增强，使得她们能够更加方便地接入互联网，还是由于更多的青壮年女性因对互联网的使用，提高了其人力资本水平，并增强了社会网络关系，从而提高了就业概率。这个问题将留在下一节解决。另一方面，青年女性（20~30岁）的劳动参与率较男性有较大幅度的下降，这是由女性婚姻以及生育决策所决定的。女性由于需要照顾子女以及做家务劳动，牺牲了个人就业机会。但是随着互联网的发展，更多灵活就业的形式出现，打破了工作需要连续时间的限制，这使得劳动者可以将更多碎片化的时间加以利用。互联网的这种发展，是否能够对女性，尤其是已婚生育的女性的就业产生影响，值得关注。

图4-3描述了不同出生队列劳动参与率与互联网普及率的城乡差异。与劳动参与比例的性别差异类似，城乡劳动参与率的趋势既与总体趋势相类似，又各自有其特殊性。一方面，在2010年，农村青壮年人口的劳动参与比例要低于城镇人口，但中老年，尤其是50岁以上人口，农村劳动参与比例要高于城镇人口。这与我国城乡二元体制的发展不无关系。农村地区人口相对于城镇地区人口，由于人力资本水平较低，青壮年时期在劳动力市场上的竞争力较低，可能产生更多的沮丧的劳动者，从而导致劳动参与率的下降。但是，由于需要维持生计，即便到了中老年，农村地区人口也需要通过务农来获得收入，很多农民往往"干到干不动了"才停止务工。而城镇人口到了中老年以后，由于更多的是工资获得者，到达法定退休年龄后其逐渐退出劳动力市场，导致劳动参与率的下降。另一方面，从2010年到2014年，城镇地区的劳动参与率并没有太大的变化，但是农村地区的劳动参与率有较大程度的提高，基本在各个年龄段都超过了城镇户籍人口。就业参与率的提高自然不能完全归功于互联网普及率的提高，但是后者也是功不可没。互联网的发展，尤其是网络购物的兴起，以及人们对绿色食品等健康食品需求的增加，促进了农产品的网络销售，促进农民增收，吸引了更多的农村人口加入劳动力大军。

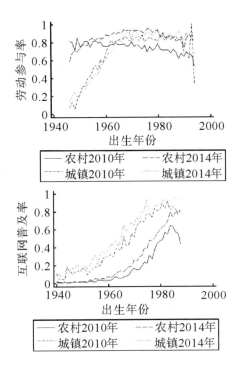

图 4-3   不同出生队列劳动参与率和互联网普及率的城乡差异

本章主要被解释变量、主要解释变量以及相关控制变量的描述统计见表 4-1。由表中 CFPS 相关数据可知，2010 年劳动参与率为 72.7%，而 2014 年为 80.1%，具有较大程度的提高，这与图 4-1 显示的趋势相一致。相应地，互联网普及率也有一定程度的提高，从 2010 年的 19.9% 提高到 2014 年的 24%。劳动参与率和互联网普及率的同步提高，到底仅仅是一种共同趋势，还是二者之间存在一定的因果关系，是后文研究中将着重分析和讨论的问题。还有一点变化值得关注，在 2010 年，失业以及退出劳动力市场的样本数为 9 043 个，而这一数字到了 2014 年则下降为 4 178 个。而且失业人数在其中的占比也有较大程度的下降，2010 年为 25.6%，而 2014 年仅为 6.22%。出现这种变化的原因值得考虑，互联网的发展提高了劳动供需匹配效率，从而缩短了失业者寻找工作的时间可能是原因之一。

表 4-1　主要变量描述统计

变量	定义	2010 年数据			2014 年数据		
		样本数	均值	标准差	样本数	均值	标准差
internet	使用互联网=1，否则=0	23 730	0.199	0.399	19 944	0.240	0.427
participation	就业、失业=1，否则=0	23 730	0.727	0.445	19 944	0.801	0.399
work	就业=1，否则=0	23 586	0.635	0.481	19 944	0.791	0.407
seek	失业=1，退出劳动力市场=0	9 043	0.256	0.437	4 178	0.062 2	0.242
male	男性=1，女性=0	23 730	0.487	0.500	19 944	0.474	0.499
age	年龄	23 730	41.70	12.02	19 944	47.18	12.41
primary	小学学历=1，否则=0	23 730	0.235	0.424	19 944	0.219	0.413
middle	初中学历=1，否则=0	23 730	0.211	0.408	19 944	0.286	0.452
high	高中学历=1，否则=0	23 730	0.327	0.469	19 944	0.137	0.344
college	大专及以上学历=1，否则=0	23 730	0.083 0	0.276	19 944	0.068 4	0.252
marriage	已婚=1，否则=0	23 730	0.864	0.342	19 944	0.884	0.320
nation	汉族=1，否则=0	23 685	0.916	0.277	19 905	0.922	0.268
hukou	农业户口=1，否则=0	23 687	0.705	0.456	19 918	0.716	0.451
health	自评健康水平 1~5 分别表示"非常不健康""比较不健康""一般""健康"和"非常健康"	23 728	4.300	0.912	19 941	2.970	1.236
feduc	父亲受教育年限	20 254	1.965	1.103	17 851	1.895	1.075
meduc	母亲受教育年限	21 342	1.513	0.869	18 682	1.460	0.837
seduc	配偶受教育年限	20 536	5.092	3.458	17 313	4.768	3.336
dongbei	东北地区=1，否则=0	23 730	0.152	0.359	19 944	0.154	0.361
huabei	华北地区=1，否则=0	23 730	0.114	0.318	19 944	0.125	0.330
huadong	华东地区=1，否则=0	23 730	0.206	0.405	19 944	0.205	0.404
zhongnan	中南地区=1，否则=0	23 730	0.272	0.445	19 944	0.268	0.443
xinan	西南地区=1，否则=0	23 730	0.122	0.327	19 944	0.115	0.319

注：东北地区包括黑龙江、吉林和辽宁；华北地区包括北京、天津、河北和山西；华东地区包括上海、山东、江苏、浙江、江西、安徽和福建；中南地区包括湖北、湖南、河南、广东和广西；西南地区包括四川、重庆、贵州、云南；西北地区作为基准组，包括陕西和甘肃。

第四节　实证结果

一、互联网使用对劳动参与率的影响

（一）基准回归

本节主要通过实证分析验证本章的第一个假设，即互联网使用能够提高劳动参与率。

表4-2显示的是使用Probit模型估计的互联网使用对个体劳动参与的影响。模型（1）、模型（2）和模型（3）分别表示使用2010年度数据回归时，仅加入个人特征变量、加入家庭特征变量以及地区特征变量的估计结果，模型（4）、模型（5）和模型（6）则使用2014年度数据重复了上述回归。

表4-2　互联网使用对劳动参与的影响（Probit模型：边际效应）

变量	2010 年数据			2014 年数据		
	模型（1）	模型（2）	模型（3）	模型（4）	模型（5）	模型（6）
internet	0.077 4***	0.074 2***	0.067 5***	0.041 5***	0.042 1***	0.040 6***
	(0.009 19)	(0.009 21)	(0.009 20)	(0.008 72)	(0.008 73)	(0.008 69)
male	0.180***	0.181***	0.182***	0.154***	0.149***	0.148***
	(0.005 40)	(0.005 54)	(0.005 52)	(0.005 25)	(0.005 43)	(0.005 40)
age	0.039 2***	0.039 7***	0.039 6***	0.037 3***	0.038 8***	0.039 1***
	(0.001 66)	(0.001 67)	(0.001 67)	(0.001 88)	(0.002 06)	(0.002 11)
age * age	−0.000 478***	−0.000 480***	−0.000 483***	−0.000 462***	−0.000 478***	−0.000 480***
	(1.92e−05)	(1.94e−05)	(1.93e−05)	(1.93e−05)	(2.09e−05)	(2.15e−05)
primary	−0.036 9***	−0.031 0***	−0.026 5**	−0.047 4***	−0.043 3***	−0.039 2***
	(0.010 6)	(0.010 8)	(0.010 8)	(0.007 53)	(0.007 63)	(0.007 68)
middle	−0.030 9***	−0.026 5***	−0.027 7***	−0.064 3***	−0.057 4***	−0.050 5***
	(0.010 2)	(0.010 3)	(0.010 3)	(0.007 46)	(0.007 74)	(0.007 80)
high	−0.027 1***	−0.024 9***	−0.025 9***	−0.019 4**	−0.014 3	−0.007 44
	(0.008 91)	(0.008 93)	(0.008 93)	(0.009 66)	(0.009 82)	(0.009 80)
college	0.180***	0.175***	0.176***	0.079 1***	0.082 0***	0.088 4***

表4-2(续)

变量	2010 年数据			2014 年数据		
	模型（1）	模型（2）	模型（3）	模型（4）	模型（5）	模型（6）
	（0.014 0）	（0.014 1）	（0.014 0）	（0.014 0）	（0.014 3）	（0.014 3）
marriage	−0.061 3 ***	−0.060 7 ***	−0.059 8 ***	0.007 22	0.018 9 **	0.015 6 *
	（0.009 97）	（0.011 4）	（0.011 4）	（0.008 72）	（0.009 08）	（0.009 07）
nation	−0.017 5 *	−0.019 1 *	−0.016 1	−0.051 9 ***	−0.050 7 ***	−0.026 1 **
	（0.010 5）	（0.010 5）	（0.011 5）	（0.010 7）	（0.010 7）	（0.011 3）
hukou	0.133 ***	0.135 ***	0.139 ***	0.177 ***	0.174 ***	0.173 ***
	（0.006 86）	（0.006 98）	（0.007 05）	（0.005 72）	（0.005 82）	（0.005 85）
health	−0.004 78	−0.004 72	−0.005 67 *	0.023 9 ***	0.024 1 ***	0.024 8 ***
	（0.003 14）	（0.003 14）	（0.003 13）	（0.002 22）	（0.002 22）	（0.002 21）
feduc		0.000 901	0.000 939		0.000 283	0.000 421
		（0.000 767）	（0.000 766）		（0.000 713）	（0.000 710）
meduc		0.002 28 **	0.002 30 **		−0.000 211	0.000 552
		（0.000 965）	（0.000 968）		（0.000 914）	（0.000 919）
seduc		−4.83e−05	−0.000 299		−0.001 98 ***	−0.001 67 ***
		（0.000 539）	（0.000 540）		（0.000 472）	（0.000 474）
dongbei			0.043 3 ***			−0.026 3 ***
			（0.010 5）			（0.009 60）
huabei			0.027 5 **			−0.039 9 ***
			（0.011 0）			（0.009 95）
huadong			0.077 8 ***			0.011 7
			（0.009 69）			（0.009 10）
dongbei			0.043 3 ***			−0.026 3 ***
zhongnan			0.083 3 ***			0.016 3 *
			（0.009 23）			（0.008 86）
xinan			0.057 4 ***			0.078 9 ***
			（0.011 8）		（0.011 9）	
观测值	23 641	23 641	23 641	19 876	19 876	19 876

注：括号中数字为稳健标准差，*、**、*** 分别表示在 0.1、0.05 和 0.01 的显著性水平上显著。报告结果为边际效应而非回归系数。

　　由表 4-2 中模型（1）的结果可知，在 2010 年，仅控制了个人特征后，互联网使用能够显著提高劳动者劳动参与的概率，具体而言，使用互联网的个体相较于不使用互联网的个体，劳动参与的概率将提高7.74%。而模型（2）控制了家庭的特征，包括父母受教育程度和配偶受教育程度，结果互联网使用对劳动参与的影响略有下降，变为7.42%。模型（3）控制了地区的固定效应，互联网对劳动参与的影响持续下降，但仍然达到6.75%，而且仍然在1%的显著性水平上显著。根据模型（4）、模型（5）和模型（6）的结果，在2014年，仅控制个人特征、家庭特征和地区特征后，互联网使用对劳动参与的影响分别为4.15%、4.21%和4.06%。由此可见，互联网使用能够显著提高个体劳动参与的概率，并且互联网的这种作用随着时间的推移而有所下降。

其他的控制变量对劳动参与的影响基本符合预期。男性相比女性更有可能参与经济活动。这与传统观念和女性本身特征不无关系。一方面，传统观念中，"男主外，女主内"的思想导致往往是男性外出务工，而女性则成为家庭主妇，但是随着我国男女平等观念开始逐渐深入人心，女性步入劳动力市场的趋势愈发明显，开始在职场中发挥重要的作用。另一方面，由于女性在步入婚姻后担负着抚育后代的重任，不少女性因为这方面的原因而不得不退出劳动力市场。在"全面二孩"政策实施后，可能有一部分女性将因此而放弃工作。年龄对劳动参与的影响呈现显著的倒"U"形，即随着年龄的增加，劳动参与概率先上升而后下降，顶点出现在41岁左右。这是由于随着年龄的增加，劳动者的工作经验得到更多的积累，从而提升了个人的人力资本水平，就业的可能性也就越高。但是，随着年龄的继续增加，工作经验的累积速度下降，同时由于年龄增加带来健康程度的下降，经验累积带来的人力资本增加不足以抵消健康程度下降等带来的人力资本水平的下降，从而导致就业可能性的降低。在受教育程度方面，小学学历和初中学历均阻碍了个体的劳动参与，高中学历则对劳动参与没有显著的影响，大专及以上学历对个体劳动参与产生了显著的促进作用。大专及以上学历对就业产生正向影响是符合直觉的。一方面，教育能够获得正向的回报，大专及以上学历的人群受教育年限更长，能够获得更高的人力资本，从而提高就业概率；另一方面，能够获得大专及以上学历的人口占比仍然较小，能够释放一种信号，即拥有高等学历的劳动者具有更高的能力，从而获得更多的就业机会和更高的收入，即所谓的"信号理论"。婚姻状态在 2010 年对劳动参与具有显著的负向影响，但是在 2014 年却呈现正向的影响。对此的解释并不明朗，可能是由于在我国，婚姻状态与是否拥有房产具有相关性，近些年房价的上升促使个体就业以偿还房贷等。相较于少数民族而言，汉族劳动参与的概率更低，这可能是由于我国对少数民族的扶持政策有关，例如专门为少数民族设立的岗位等促进了少数民族的就业。农业户口相较于非农户口，更有可能参与劳动，这是由于本书将务农也归类于就业，这就导致农业户口个体在未找到非农工作时，仍然可以通过务农谋生，而城镇户籍人口由于没有土地，只能失业或者退出劳动力市场。同时，由于非农工作存在退休制度，而务农则不然，很多农村户籍劳动者往往在身体条件确实不允许后才退出劳动力市场，这也是农业户口劳动参与率较高的原因。父母受教育程度作为家庭资产、社会网络等的代理变量，在 2010 年显示出对劳动参与的正向影响，但是在 2014 年这种影响则变得不显著。配偶受教育程度在 2010 年对劳动参与并没有显著影响，在 2014 年则显著降低了劳动参与的概率。这是由于家庭分工使然，在婚姻中，如果一方拥有收入来源，另一方则可能更多地参与家庭服务。这个理论往往更适用于女性，因为女性在家务劳动方面相较于男性往往存在一定的比较优势。

（二）工具变量回归

上述结果可能受内生性的影响而不准确。内生性的来源主要是互为因果和遗漏变量问题。一方面，与本书所研究的内容一致，互联网的使用能够影响个人的就业选择以及工作收入，但是反过来，有工作的人可能收入更高，从而更有能力使用互联网。当然，收入足够高的部分群体使用互联网的比例更高，但其并没有就业的动力，从这个角度来讲，互联网的使用与劳动参与可能是负相关关系。另一方面，遗漏变量问题也有可能导致内生性。可能被遗漏的如个人性格特征等变量，共同影响互联网的使用与劳动参与的决策。如果这些情况是存在的，那么就需要通过特殊的计量方法以解决内生性问题。本书采用的是工具变量法，选取的两个工具变量分别为个体所在区县（排除所在村/社区）的互联网普及率以及个体所在村/社区的地形地貌情况。

工具变量一：iv_netrate，表示个体所在区县（排除所在村/社区）的互联网普及率，计算方法为

$$iv\_netrate = \frac{\text{个体所在区县所有互联网使用人数} - \text{个体所在村社区互联网使用人数}}{\text{个体所在区县人口} - \text{个体所在村/社区人口}}$$

工具变量二：iv_terrain，个体所在村/社区的地形地貌情况，取值为 0 表示所在地区为以丘陵高山、高山、高原、草原为主的农村以及渔村，取值为 1 表示所在地区为以平原为主的农村，取值为 2 表示所在地区为乡镇，取值为 3 表示所在地区为城市。

工具变量的选取要满足两个要求：一是相关性，选取的工具变量必须与内生的解释变量具有相关性，即工具变量能够影响内生的解释变量，如果相关性较差可能存在弱工具变量（weak IV）问题。另一个是外生性，即要求选取的工具变量与残差项不相关，工具变量对被解释变量的影响只能通过内生解释变量这一个途径。对于第一个工具变量，相关性是满足的：一个地区的互联网普及率越高，每个人周围使用互联网的人就越多，会产生所谓的同伴效应（peer effect），进而影响到个人使用互联网的决策。而对于外生性，第一个工具变量由于是更高层级的区县层面的互联网使用数据，往往不会对个人的就业行为产生影响。对于第二个工具变量，一个地区的地形地貌与地区的宽带基础设施建设具有很大的相关性。由于宽带基建等对地形地貌有一定的要求，高山、高原地区建设宽带基础设施的成本相对较高，而平原地区建设成本相对较低，这就使得地形地貌情况与个体互联网使用具有相关性。一般而言，地形地貌情况并不会影响个人的劳动参与情况，但是不可否认，地形地貌会影响交通，从而对整个地区的劳动参与率产生影响，地区的劳动参与率又会通过同伴效应对个人劳动参与率产生影响。为了切断这一影响渠道，本书在后续模型中加入了地区

的平均劳动参与率。

表4-3显示的是互联网使用对劳动参与的影响,即使用工具变量解决内生性问题的回归结果,其中第二列是使用2010年度数据的回归结果,第三列是使用2014年度数据的回归结果。由结果可知,在考虑内生性之后,无论是2010年还是2014年,互联网的使用仍然对劳动参与起到积极的促进作用。具体而言,在2010年,使用互联网的个体比不使用互联网的个体劳动参与的概率要提高4.38%,而在2014年,则要提高6.03%。与不考虑内生性的结果相比,2010年的回归结果偏小,而2014年的结果增大,这说明如果不考虑内生性,前者将存在向上的偏误,而后者则存在向下的偏误。

表4-3 互联网使用对劳动参与的影响(Biprobit 模型:边际效应)

变量	2010 年数据	2014 年数据
	模型(1)	模型(2)
internet	0.043 8***	0.060 3***
	(0.003 73)	(0.005 61)
male	0.063 0***	0.064 1***
	(0.002 68)	(0.003 36)
age	−0.001 33	−0.001 23
	(0.000 958)	(0.001 22)
age * age	$-5.54\text{e}{-05}^{***}$	$-7.93\text{e}{-05}^{***}$
	$(1.16\text{e}{-05})$	$(1.33\text{e}{-05})$
primary	−0.134***	0.052 9***
	(0.007 53)	(0.006 91)
middle	−0.089 1***	0.095 1***
	(0.004 92)	(0.006 79)
high	−0.048 2***	0.154***
	(0.003 64)	(0.007 93)

表4-3（续）

变量	2010 年数据	2014 年数据
	模型（1）	模型（2）
college	0.095 9***	0.249***
	（0.005 22）	（0.010 9）
marriage	−0.043 5***	−0.007 07
	（0.005 16）	（0.006 10）
nation	0.009 51*	0.020 4***
	（0.005 63）	（0.007 19）
hukou	−0.019 7***	−0.021 3***
	（0.003 55）	（0.004 51）
health	−0.000 713	0.005 57***
	（0.001 71）	（0.001 46）
feduc	0.001 22***	0.002 08***
	（0.000 341）	（0.000 435）
meduc	0.001 34***	0.002 27***
	（0.000 385）	（0.000 510）
seduc	0.000 889***	0.001 09***
	（0.000 292）	（0.000 299）
变量	模型（1）	模型（2）
pacounty	0.170***	0.076 8***
	（0.007 40）	（0.016 4）
地区虚拟变量	Yes	Yes
工具变量		
iv_netrate	0.160***	0.005 25***
	（0.011 6）	（0.002 01）
iv_terrain	0.010 2***	0.011 5***

表4-3（续）

变量	2010 年数据	2014 年数据
	模型（1）	模型（2）
	(0.001 39)	(0.001 86)
地区固定效应	Yes	Yes
观测值	23 596	19 721

注：括号中数字为稳健标准差，*、**、*** 分别表示在 0.1、0.05 和 0.01 显著性水平上显著。报告结果为边际效应而非回归系数。pacounty 为地区平均劳动参与率。

使用工具变量需要进行一系列的工具变量以及内生性的检验，在处理 Probit 等相关模型时，人们通常也会使用两阶段最小二乘法（2SLS）来分析模型的内生性以及工具变量的有效性（Chyi & Mao, 2012），本书也借鉴这种方法对工具变量的有效性进行检验。使用工具变量的前提是模型存在内生性，所以我们首先对模型的内生性进行检验。进行异方差稳健的 Durbin-Wu-Hausman 检验，得出内生性检验统计量的具体值为 204.352（2014 年数据为 33.029），同样在 1%的显著性水平上拒绝了使用互联网是外生变量的原假设，即原模型存在内生性问题，所以使用工具变量是必要的。其次，进行工具变量相关性的检验。Cragg-Donald Wald F 统计量的值为 194.970（2014 年数据为 25.988），高于 Stock-Yogo 弱工具变量检验在 10%的显著性水平上的临界值 19.93，因此，本书认为不存在弱工具变量问题。此外，在表 4-3 的回归结果中，两个工具变量对是否使用互联网也是十分显著的。最后，进行工具变量外生性检验，即过度识别检验。Hansen J 统计量的 P 值为 0.641 7（2014 年数据为 0.325 3），不能在 10%的显著性水平上拒绝工具变量过度识别的原假设，说明工具变量是外生有效的。

综上所述，本节验证了本章的第一个研究假说，即互联网使用能够提高个体的劳动参与概率。

表 4-4 显示的是互联网使用对劳动参与影响的性别差异。结果显示，在考虑内生性之后，互联网使用对劳动参与的影响，女性是高于

男性的。在 2010 年，互联网对男性劳动参与的影响为 4.07%，而对女性为 4.40%；在 2014 年，互联网对男性劳动参与的影响为 5.74%，而对女性的影响略微提高，为 5.79%。出现这种情况可能是由于以下几点：首先，女性本身的劳动参与率较低，因此，其劳动参与提高的潜力较大，互联网的作用能够得到更大的发挥。女性由于自身特点，在家务劳动方面具有更大的比较优势，家务劳动的特点在于使得闲暇时间碎片化，而互联网的发展促使碎片化的时间能够被最大化地利用，从而促使女性能够更多地参与到经济活动中来。其次，女性在劳动力市场上仍然面临显性或者隐性的性别歧视，不少女性因为性别歧而退出劳动力市场。相比较而言，自我雇佣并不会产生性别歧视，至少比受雇所面临的性别歧视要轻，互联网的发展也降低了自我雇佣等灵活就业形式的成本，促进了相关形式的就业。而灵活就业等形式并不受或者较少受性别歧视的影响，从而能够提高女性劳动参与的积极性。

表 4-4　互联网使用对劳动参与影响的性别差异（Biprobit 模型：边际效应）

变量	2010 年数据		2014 年数据	
	男性	女性	男性	女性
internet	0.040 7 ***	0.044 0 ***	0.057 4 ***	0.057 9 ***
	(0.006 85)	(0.004 29)	(0.008 59)	(0.008 62)
工具变量				
iv_netrate	0.212 ***	0.113 ***	0.014 0	0.003 22 *
	(0.020 4)	(0.012 6)	(0.014 0)	(0.001 71)
iv_terrain	0.009 06 ***	0.010 0 ***	0.014 6 ***	0.009 23 ***
	(0.002 44)	(0.001 52)	(0.003 10)	(0.002 27)
其他控制变量	Yes	Yes	Yes	Yes
观测值	11 499	12 097	9 341	10 380

注：括号中数字为稳健标准差，*、**、*** 分别表示在 0.1、0.05 和 0.01 的显著性水平上显著。为了节省篇幅，其他控制变量的回归结果已经省略。

　　　　因此，本节验证了本章的第二个研究假说，即互联网使用的就业促进作用对女性群体更为显著。

表4-5使用了与表4-4相同的方式分析了互联网使用对劳动参与影响的城乡差异。结果显示，互联网使用对劳动参与的影响，城镇户籍样本大于农村户籍样本。在2010年，互联网使用对城镇户籍个体劳动参与的影响为4.10%，而对农村户籍个体的影响仅为1.01%；在2014年，互联网使用对城镇户籍个体劳动参与的影响相较于2010年有了较大的提高，达到8.67%，虽然其对农村户籍个体的影响也有一定程度的上升，但是也仅仅为1.68%。互联网使用对农村户籍的影响较城镇户籍要小，原因可能主要有三点：第一，总体而言，城镇户籍人口的劳动参与率较农村户籍低，农村户籍人口本身就具有较高的劳动参与率，互联网的使用对增加这部分人群劳动参与的作用很微小，所以互联网对城镇户籍人口劳动参与的影响可能较大。这与男女互联网使用对劳动参与的影响是一致的。第二，农村地区互联网普及率较低，电子商务发展水平落后，网络购物等平台建设滞后，互联网的滞后发展导致其就业创造能力较低，并不能够吸引更多的农村人口参与经济中。相比较而言，城镇地区互联网普及率较高，互联网行业发展迅速，能够吸纳更多的劳动人口并带来更多的灵活就业形式，因而互联网使用的劳动参与效应较高。第三，农村户籍劳动者更多的是从事农业生产，从第三章背景的描述中我们可以了解到，我国农业生产的互联网化水平比较低，使用互联网对促进农业生产并没有太大的作用。互联网的使用更多的是促进了非农务工以及自我雇佣等就业形式。这方面而言，互联网使用可能对于城镇户籍人口的影响更大。

表4-5　互联网使用对劳动参与影响的城乡差异（Biprobit模型：边际效应）

变量	2010年数据		2014年数据	
	城镇	农村	城镇	农村
internet	0.041 0*	0.010 1***	0.086 7***	0.016 8***
	（0.021 3）	（0.002 82）	（0.017 1）	（0.005 68）
工具变量				

表4-5(续)

变量	2010 年数据		2014 年数据	
	城镇	农村	城镇	农村
iv_netrate	0.270***	0.143***	0.192***	0.002 98**
	(0.028 2)	(0.013 3)	(0.021 6)	(0.001 46)
iv_terrain	0.012 0***	0.011 9***	0.012 6***	0.014 4***
	(0.003 23)	(0.001 64)	(0.002 97)	(0.002 87)
其他控制变量	Yes	Yes	Yes	Yes
观测值	6 923	16 673	5 579	14 142

注：括号中数字为稳健标准差，*、**、*** 分别表示在 0.1、0.05 和 0.01 的显著性水平上显著。为了节省篇幅，其他控制变量的回归结果已经省略。

因此，本节验证了本章的第三个研究假说，即互联网使用的就业促进作用对城镇户籍个体更为显著。

根据上述的讨论我们发现了互联网的使用对劳动参与具有积极的促进作用，但是这仅仅是局部处理效应。根据总体样本对工具变量做出的反应，任何总体都可以被分成三类①，即依从工具变量者（compliers）、始终接受者（always‑takers）以及从不接受者（never‑takers）。依从工具变量者是指受工具变量影响而成为互联网使用者的样本；始终接受者指的是无论工具变量是否发挥作用，均使用互联网的样本，例如教育水平较高、具有一定经济实力、乐于接受新鲜事物的群体；从不接受者指的是无论工具变量是否发挥作用，均不使用互联网的样本，例如教育水平较低、经济基础薄弱的群体。工具变量法估计的是依从工具变量者的平均处理效应，而该效应往往不等于处理组的平均处理效应，因为处理组（使用互联网）的样本不仅包括依从工具变量者还包括始终接受者。

如果确实存在上述的异质性问题，而且互联网的影响在依从工具

① 假定不存在对抗者（defier）。对抗者指的是不受工具变量影响时使用互联网，但是受工具变量影响时反而不使用互联网的人群。在实证研究中，这种人群占比往往比较低。

变量者中较为显著，那么上述的估计可能高估互联网使用对女性劳动参与的影响。为了进一步理清互联网使用对劳动参与的影响，我们将样本分为文盲、小学学历、初中学历和高中及以上学历样本分别进行了回归。之所以选择教育程度作为划分标准，是由于教育程度与工作状态、收入具有较高的相关性，从而对互联网的使用产生影响。例如，受过良好教育的劳动者往往从事对技能要求较高的职业，这类人群收入较高，对互联网使用更为频繁，更有可能属于始终接受者。未上过学的劳动者往往从事的职业较为低端，收入较低，对互联网并没有有效需求，更有可能是从不接受者。虽然这样做并不能够将始终接受者与从不接受者完全剔除，但是能够一定程度上排除两者的影响，使估计结果更为精确。

　　表 4-6 是按照学历分组进行回归的估计结果，体现出互联网使用对劳动参与影响的教育差异。可以看出，2010 年和 2014 年的回归结果呈现出较大的差异。首先，2010 年数据的回归结果显示，互联网使用对文盲和高中及以上学历劳动者的劳动参与具有显著的影响，但对小学以及初中学历劳动者没有影响。但 2014 年数据的回归结果显示，互联网使用对文盲、小学学历以及初中学历劳动者具有显著的正向影响（对文盲影响的统计显著性和经济显著性均有较大程度的下降），但是对高中及以上学历劳动者影响并不显著。2014 年数据的回归结果从侧面验证了文盲更多的是从不接受者、高中及以上学历劳动者更多的是始终接受者的假设。但是该假设在 2010 年数据中并不成立，这可能是由于在 2010 年，互联网的使用成本仍然相对较高，高中及以上学历劳动者中依从工具变量者的比例仍然较高。其次，相较于小学学历，互联网使用对初中学历劳动者的影响更大而且更为显著。出现这种情况的原因可能在于小学学历样本中仍然有更大比例的从不接受者，而初中学历的样本中从不接受者的比例较低。该结果还说明，互联网发挥作用仍然需要一定的人力资本为前提，对于受教育程度较低的劳动者，互联网难以发挥其对就业的积极促进作用。初中学历的劳动者就业选择更多，面临的就业限制更少，互联网的作用能够得到更大程度的发挥，因而互联网使用对劳动者劳动参与的影响在初中学历

样本中更为显著。

表 4-6　互联网使用对劳动参与影响的教育差异（Biprobit 模型：边际效应）

	（1）	（2）	（3）	（4）
	文盲	小学学历	初中学历	高中及以上
Panel A：2010 年数据				
总体	0. 150 ***	−0. 000 717	0. 006 22	0. 095 8 ***
	(0. 016 0)	(0. 000 998)	(0. 003 83)	(0. 007 88)
Panel B：2014 年数据				
总体	0. 004 59 *	0. 035 2 ***	0. 049 5 **	−0. 018 9
	(0. 002 64)	(0. 012 8)	(0. 024 8)	(0. 032 3)

注：括号中数字为稳健标准差，*、**、*** 分别表示在 0. 1、0. 05 和 0. 01 的显著性水平上显著。为了节省篇幅，其他控制变量的回归结果已经省略。

二、互联网对就业类型的影响

上一节的结果验证了第一个假说、第二个假说以及第三个假说，即互联网的使用能够提高劳动者的劳动参与概率，而且这个效应对女性群体以及城镇户籍个体更为显著。但是互联网使用提高劳动参与的机制，是提高了劳动者自我雇佣的概率还是提高了劳动者成为工资获得者的概率仍然是不明确的，本节即对这一问题进行研究。

表 4-7 显示的是互联网使用对劳动者就业类型的影响，即对成为自我雇佣者和成为工资获得者的影响。两年的结果呈现出部分一致性，也呈现出一定的差异。两年的结果均显示，互联网的使用能够有效降低劳动者务农的概率（这一影响主要存在于农村户籍劳动者中），即提高了农民非农务工的比例。但是，2010 年数据的回归结果显示，互联网的使用对成为自我雇佣者和工资获得者的影响均不显著。而 2014 年数据的回归结果显示，互联网的使用能够显著提高个体成为自我雇佣者和工资获得者的概率，而且对后者的影响要大于前者，具体而言，互联网使成为自我雇佣劳动者的概率提高 7.74%，而对成为工

资获得者的影响则为 9.08%。互联网的发展，尤其是电子商务的发展，降低了创业的门槛，如开设网店等有时并不需要实体店面的建设或租赁，这极大地降低了创业成本，从而提高了创业的倾向和成功率。但是，与 2014 年相比，2010 年的电子商务发展可能相对不足，规模较小，仅影响了小部分人群，从而使得互联网对创业的影响并不显著。同时，随着互联网的不断普及，应用互联网的企业越来越多，更多的与互联网相关的岗位被设立，即便是非互联网相关岗位，普通岗位也越来越多地对互联网技能产生了需求，所以拥有互联网技能的劳动者更有可能获得工作，成为工资获得者。当然，这仅仅是互联网对就业产生影响的众多机制之一，下文将详细论述互联网对就业产生影响的内在机制。

表 4-7　互联网使用对就业类型的影响（Biprobit 模型：边际效应）

变量	（1）	（2）	（3）
	务农	自我雇佣	工资获得者
Panel A：2010 年			
internet	−0.038 9***	−0.009 38	0.007 58
	（0.002 80）	（0.006 14）	（0.005 53）
其他控制变量	Yes	Yes	Yes
iv_netrate	0.084 1***	0.040 3***	0.125***
	（0.008 37）	（0.004 26）	（0.013 9）
iv_terrain	0.005 72***	0.002 27***	0.006 75***
	（0.000 930）	（0.000 464）	（0.001 65）
观测值	15 112	15 078	11 424
Panel B：2014 年			
internet	−0.024 2***	0.077 4***	0.090 8***
	（0.002 26）	（0.009 55）	（0.012 7）
其他控制变量	Yes	Yes	Yes

表4-7(续)

变量	(1)	(2)	(3)
	务农	自我雇佣	工资获得者
iv_netrate	0.083 7***	0.073 8***	0.004 11**
	(0.009 35)	(0.010 2)	(0.002 01)
iv_terrain	0.010 3***	0.006 56***	0.010 5***
	(0.001 84)	(0.001 56)	(0.002 15)
观测值	12 047	5 940	9 948

注：括号中数字为稳健标准差，*、**、*** 分别表示在 0.1、0.05 和 0.01 的显著性水平上显著。为了节省篇幅，其他控制变量的回归结果已经省略。务农者、自我雇佣者、工资获得者均为虚拟变量，基准组均为失业和退出劳动力市场的人口。

因此，本节的研究结论并不支持第四个研究假说，而是相反，即互联网使用对自我雇佣者的影响要小于对工资获得者的影响。

表 4-8 是互联网使用对劳动者就业类型影响的性别差异。由表中的回归结果可以得到以下几点结论：第一，无论是男性还是女性，互联网的使用均对务农产生了负向的影响，即提高了非农务工的概率。与此同时，不同性别的回归结果显示，互联网在 2010 年对自我雇佣者和工资获得者的影响仍然不显著，而在 2014 年则十分显著。第二，互联网使用对就业结构的影响也呈现出性别差异。以 2014 年的回归结果为例，对于男性而言，互联网对成为自我雇佣者和成为工资获得者的影响相仿，分别为 9.89% 和 9.39%；但是对于女性而言，互联网对成为自我雇佣者的影响要显著小于对成为工资获得者的影响，二者分别为 5.25% 和 9.46%。这个结果说明，男性仍然是自我雇佣或者创业活动的主体。这是由于创业活动需要更有魄力、更有创新精神以及冒险精神等企业家精神，而这些精神总体而言在男性群体中更为常见，再加上创业初期往往较为艰辛，对体力等身体素质方面的要求较高，而男性在这方面往往较有优势。此外，我国目前仍然对女性存有一定的偏见，这对女性创业可能产生不利的影响。相反，对女性而言，她们更多的是以受雇成为工资获得者为主。工资获得者相较于自

我雇佣者而言，较为稳定，对女性劳动者具有一定的吸引力。但是这也反映出互联网发展所带来的创业机会增加对女性的影响仍然不够显著，可能会对性别收入差距产生一定的不利影响。

表 4-8　互联网使用对就业类型影响的性别差异（Biprobit 模型：边际效应）

变量	（1）	（2）	（3）
	务农	自我雇佣	工资获得者
Panel A：2010 年数据			
男性	−0.043 8***	−0.007 69	0.015 1*
	（0.004 23）	（0.010 1）	（0.008 50）
女性	−0.024 1***	−0.011 1*	0.009 11*
	（0.003 17）	（0.006 52）	（0.005 41）
Panel B：2014 年数据			
男性	−0.019 8***	0.098 9***	0.093 9***
	（0.003 87）	（0.021 3）	（0.016 7）
女性	−0.026 6***	0.052 5***	0.094 6***
	（0.002 51）	（0.014 3）	（0.022 4）

注：括号中数字为稳健标准差，*、**、*** 分别表示在 0.1、0.05 和 0.01 的显著性水平上显著。为了节省篇幅，其他控制变量的回归结果已经省略。

城乡之间的"数字鸿沟"要远大于男女之间的"数字鸿沟"，因此，研究互联网使用城乡差别的实际意义从某些方面来讲比研究互联网使用性别差异更为重要。表 4-9 分析了互联网使用对城乡就业类型影响的差异。表 4-9 所展示的回归结果有以下几点值得关注：

第一，互联网使用对城乡劳动者的影响与总体结果基本一致，即降低了务农概率①、提高了自我雇佣以及成为工资获得者的概率。

---

① 由于城镇户籍务农比例很低，样本量不足，所以估计结果可能并不准确。

表 4-9 互联网使用对就业类型影响的城乡差异（Biprobit 模型：边际效应）

变量	（1）	（2）	（3）
	务农	自我雇佣	工资获得者
Panel A：2010 年数据			
城镇	-0.055 9	-0.029 7	0.037 8
	（0.040 1）	（0.031 3）	（0.038 9）
农村	-0.034 1***	0.003 82	0.017 1***
	（0.001 47）	（0.005 37）	（0.003 96）
Panel B：2014 年数据			
城镇	-0.081 0***	0.008 37	0.115***
	（0.015 9）	（0.082 6）	（0.016 4）
农村	-0.018 7***	0.066 8***	0.019 7
	（0.001 48）	（0.015 9）	（0.016 3）

注：括号中数字为稳健标准差，*、**、*** 分别表示在 0.1、0.05 和 0.01 的显著性水平上显著。为了节省篇幅，其他控制变量的回归结果已经省略。

第二，城乡仍然存在一定差异。一方面，无论是自我雇佣还是成为工资获得者，互联网使用对城镇户籍劳动者的影响均高于农村户籍劳动者（虽然部分分组结果并没有统计意义上的显著性），这可能反映出城乡劳动力之间存在人力资本水平的差距。对城镇劳动者而言，其平均受教育水平较高能够更大程度上发挥互联网潜在的作用，而且就业所在行业对互联网的使用具有较高的要求，互联网的回报相应地也较高。但是农村户籍劳动者的受教育水平以及其他社会资本均较低，而且就业行业往往集中于制造业、建筑业等行业，对互联网的需求弹性较小，互联网使用的作用也相应低于城镇户籍劳动者。另一方面，以 2014 年数据的回归结果为例，对于农村户籍个体而言，互联网的使用更多地使其成为自我雇佣者，提高了其 6.68% 的概率，但是对成为工资获得者的影响并没有统计意义上的显著性。与之相反，对于城镇户籍个体而言，互联网使用更多地使其成为工资获得者而非自我雇佣者，提高了前者 11.5% 的概率，但对后者的影响并没有统计意义上的显著性。城乡户籍个体在自我雇佣以及获得工资之间选择的差异，也反映了城乡劳动者之间存在的人力资本水平的差距。由于互联网仍然是一种技能偏向型的技术进步，其能够与高技能的劳动者产生互补效应，提高高技能的劳动生产率，从而引致更高的就业率和就业报酬。即便农村户籍劳动者掌握了使用互联网的技能，但是其由于自身人力资本水平较低，仍然不能够获得更大的就业选择范围，其工作的行业仍然被锁定（lock in）在低技能的行业，如建筑业、制造业以及低级服务业等。因此，相比较而言，自我雇佣即创业仍然是农村劳动力具有比较优势的就业途径。基于互联网的自我雇佣相对成本可能较低，例如开设网店甚至不需要实体店铺，极大地降低了创业成本。此外，互联网金融的发展也提高了劳动者融资的可能性，解决了创业的融资约束问题，而这种融资约束往往对于低收入的农民群体更为重要。

三、互联网对劳动参与影响的机制分析

根据 Berker（1965）的时间分配模型，互联网的使用能够提高家务劳动的效率，例如网购、网络外卖、网上缴纳水电煤气费用等，从而减少了劳动者从事家务劳动的时间，进而使劳动者将更多的时间分配到工作当中，并最终表现为提高劳动参与率。表 4-10 则是运用 IV-Tobit 模型分析互联网使用对家务劳动时间的影响①，并分析了其性别差异。总体而言，在 2010 年，使用互联网将导致个体每天从事家务劳动的时间降低接近 1 个小时。而且，这种作用对男性和对女性的影响没有显著的差别。但是，2014 年数据的回归结果却显示，互联网使用对家务劳动时间的影响有所增大，能够减少 2 个小时左右的家务劳动时间。此外，虽然使用互联网能够降低男性家务劳动时间 1.24 个小时，但是这一结果仅在 10% 的显著性水平上显著，女性使用互联

---

① 之所以使用 Tobit 模型，是由于有很多劳动者（尤其是男性）并不参与家务劳动，于是会产生很多 0 值，属于"断尾"，如果使用 OLS 模型估计将导致结果出现偏误，而 Tobit 模型则很好地解决了这个问题。使用 IV-Tobit 模型同样是由于模型中可能存在的互为因果或者遗漏变量问题导致的内生性问题，例如，有工作的劳动者家务劳动时间可能更少同时又更有可能使用互联网。家务劳动时间单位是"小时/天"。

网则能够显著降低家务劳动时间近 3 个小时，同时在 1% 的显著性水平上显著。这种现象比较符合直觉，由于家务劳动更多的是由女性来承担，"男主外、女主内" 的现象仍然十分普遍，男性家务劳动时间本身较短，故而互联网对其影响并不十分显著；女性做家务时间较长且较为普遍，互联网对其影响更大而且更为显著。因此，互联网的使用通过减少家务劳动时间，增加劳动者可支配时间从而提高劳动参与率这一影响机制，可能对于女性劳动者而言更为明显，这一影响机制对男性而言并不显著。因此，互联网影响个人就业选择的机制存在多样性，时间分配仅是其中之一，提高搜寻匹配效率、增加个人生产效率都是互联网对个人就业产生影响的机制。

表 4-10　互联网使用对家务劳动时间的影响（IV-Tobit 模型）

	（1）	（2）	（3）
	总体	男性	女性
Panel A：2010 年数据			
internet	−0.990***	−0.954***	−0.950***
	（0.214）	（0.341）	（0.272）
Panel B：2014 年数据			
internet	−2.094***	−1.237*	−2.789***
	（0.461）	（0.684）	（0.644）

注：括号中数字为稳健标准差，*、**、*** 分别表示在 0.1、0.05 和 0.01 的显著性水平上显著。为了节省篇幅，其他控制变量的回归结果已经省略。

互联网的使用方式、作用多种多样，人们既可以使用互联网进行看网络电影、打网络游戏等娱乐活动，也可以通过听网课、收集就业信息等活动以增加人力资本，同样还可以通过网络聊天工具扩展、维护人际关系，增强社会网络关系。互联网不同的使用方式反映了互联网使用对劳动参与不同的影响渠道。表 4-11 显示的是互联网使用的不同目的对劳动参与的影响差异。本节首先根据问卷中的问题将个人互联网使用目的设定为五个变量，分别为"学习""工作""社交"

"娱乐"以及"商业活动"①，并对不同使用目的的使用频率进行了统计。具体的回归结果见表4-11。首先，将互联网用于学习、工作以及商业活动对劳动参与的影响更大，在10%左右；其次，将互联网用于社交、娱乐同样对劳动参与具有正向的影响，但是较前三者小，在6%左右。这说明，通过网络学习、工作提高人力资本水平仍然是使用互联网影响个人就业选择的最重要渠道，而以社交为代表的个人社会资本也会影响到个人的就业选择，但是其影响力在人力资本之后。但是有一点需要注意，由于个人使用互联网并不会仅局限于一个使用目的，使用互联网主要进行学习的人也会使用互联网进行休闲娱乐，同样，使用互联网进行社交娱乐的人也会进行学习和工作，只是彼此之间的频率会出现差异。因此，互联网不同的使用目的对劳动参与的确切影响并不能精确地体现出来，但是下表的内容仍然能够给出一定的证据，具有一定的借鉴意义。

表4-11　不同互联网使用目的对劳动参与的影响

被解释变量	（1）	（2）	（3）	（4）	（5）
	学习	工作	社交	娱乐	商业活动
劳动参与	0.101***	0.086 8***	0.058 2***	0.066 1***	0.100***
	(0.033 3)	(0.026 7)	(0.019 2)	(0.021 1)	(0.033 6)
其他控制变量	Yes	Yes	Yes	Yes	Yes
观测值	17 900	17 900	17 900	17 900	17 900

注：括号中数字为稳健标准差，*、**、***分别表示在0.1、0.05和0.01的显著性水平上显著。为了节省篇幅，其他控制变量的回归结果已经省略。表中的"学习""工作""社交""娱乐"以及"商业活动"分别表示使用互联网进行该活动的频率，取值范围为0到4，0表示不使用互联网，1表示从不，2表示几月一次到一月2~3次，3表示一周1~4次，4表示几乎每天。

---

① 根据问卷内容，上网学习是指搜索学习资料、上网学习课程等；社交活动是指聊天、发微博；娱乐是指看视频、下载歌曲等；商业活动是指使用网银、网上购物等。由于只有2014年对该问题进行了询问，而2010年并没有相关问题，所以本文仅使用2014年数据进行了回归分析。

四、稳健性检验

上文的分析仅仅讨论了是否使用互联网这一二元变量对劳动者就业选择的影响。虽然是否使用互联网能够在一定程度上刻画互联网使用对劳动者就业产生的影响，但是仍然略显粗糙，为了更为深入地分析互联网使用对劳动者就业行为的影响，本书使用互联网使用时间①作为核心解释变量，重新进行回归，得到的结果见表4-12。由表中模型（1）回归结果可知，在不考虑内生性问题的前提下，互联网使用时间对劳动参与的影响并不显著。但是在考虑内生性问题后，互联网使用时间对劳动参与产生了显著的正向影响，如模型（3）的回归结果所示。此外，本书还验证了互联网使用时间对劳动参与的非线性影响，即在业余时间过度上网会造成对就业的阻碍效应，如网瘾等对就业意愿的影响。模型（2）和模型（4）的结果显示，无论是否考虑内生性问题，互联网使用时间对劳动参与并未显示出正"U"形或者倒"U"形的非线性影响。

本书主要的工具变量之一是样本所在地的地形地貌状况，虽然该工具变量通过了相关性检验和外生性检验，但是其仍然可能存在一定的不足之处。如果样本并未流动，该工具变量可能是有效的。但是，如果考虑到样本中人口的流动，如有的劳动者从发展程度更低的山区、农村流动到发展程度更高的平原、城镇，而这些流动的劳动者相较于不流动的劳动者，往往具有更高的个人能力。此时，使用样本所在地的地形地貌状况作为工具变量将高估互联网使用对劳动者劳动参与的影响。为了得到互联网使用对劳动参与最为准确的估计，本书根据个体的流动情况分为不同的子样本进行回归，结果见表4-13。

---

① 互联网使用时间来自问卷中的问题"一般情况下，您/你每周业余时间里有多少小时用于上网？"（一般情况下指在通常的生活状态下，而非某些特殊时期或经历下）。根据对该问题的回答，生成变量int_time，单位为小时。同时生成变量int_times，表示int_time的平方。

表 4-12 互联网使用时间对就业的影响

变量	Probit 模型		IV-Probit 模型	
	模型（1）	模型（2）	模型（3）	模型（4）
int_time	5.62e-05	-0.000 415	0.058 5 ***	-0.016 8
	(0.000 407)	(0.000 663)	(0.018 7)	(0.072 2)
int_times		-9.48e-06		-0.001 90
		(1.01e-05)		(0.001 77)
其他控制变量	Yes	Yes	Yes	Yes
观测值	20 126	20 126	20 126	20 126

注：括号中数字为稳健标准差，*、**、*** 分别表示在 0.1、0.05 和 0.01 的显著性水平上显著。为了节省篇幅，其他控制变量的回归结果已经省略。int_time 的工具变量选取的是本区县内平均互联网使用时间。

表 4-13 不同样本下互联网使用对劳动参与的影响（Biprobit 模型：边际效应）

变量	模型（1）	模型（2）	模型（3）	模型（4）
internet	0.049 5 ***	0.052 8 ***	0.058 3 ***	0.058 3 ***
	(0.005 61)	(0.005 51)	(0.005 50)	(0.005 58)
iv_netrate	0.004 45 **	0.004 90 **	0.004 94 ***	0.005 06 ***
	(0.001 94)	(0.002 04)	(0.001 87)	(0.001 93)
iv_terrain	0.008 14 ***	0.009 34 ***	0.010 7 ***	0.011 7 ***
	(0.002 18)	(0.002 05)	(0.001 91)	(0.001 89)
其他控制变量	Yes	Yes	Yes	Yes
观测值	16 582	17 481	18 929	19 402

注：括号中数字为稳健标准差，*、**、*** 分别表示在 0.1、0.05 和 0.01 的显著性水平上显著。为了节省篇幅，其他控制变量的回归结果已经省略。模型（1）的样本仅包括户口所在地在本村/社区的样本；模型（2）在模型（1）的基础上增加了户口所在地在本乡/镇/街道的其他村/社区的样本；模型（3）在模型（2）的基础上增加了户口所在地在本县/县级市/区的其他乡/镇/街道的样本；模型（4）在模型（3）的基础上增加了户口所在地在本省的其他县/县级市/区的样本。

结果显示，将样本锁定为本村/社区的劳动者，互联网使用能够提高 4.95% 的劳动参与率，随着将样本逐渐扩大，互联网使用对劳动参与的影响也逐渐增大。这说明，本书选取的工具变量在一定程度上仍然存在一定的局限性，这种局限性能够随着将流动人口的逐步剔除而得到解决。

第五节　本章小结

互联网的快速发展不仅改变了人们的生活，而且改变了人们的就业观念和就业选择。互联网所催生的新兴产业，促进了经济增长，增加了劳动需求，但其对传统行业的冲击也带来了一定的就业毁灭。我国的企业互联网普及率已经超过 95%，但个人互联网普及率刚刚过半，对个人来讲，互联网的使用能否对个人就业产生积极的影响是一个十分值得关注的问题。本章利用中国家庭追踪调查（China Family Panel Studies，CFPS）2010 年度和 2014 年度调查数据，分析了互联网使用对个人劳动参与决策的影响。由于互联网使用与劳动参与之间因互为因果问题而产生的内生性问题，本书使用样本所在区县的互联网普及率以及所在村/社区地形地貌状况作为工具变量，运用 Biprobit 模型进行了分析。

本章研究发现：①互联网的使用能够有效提高劳动者的劳动参与率。具体而言，使用互联网在 2010 年能够提高 4.38% 的劳动参与概率，而在 2014 年则能提高 6.03% 的劳动参与率。这一结果存在城乡差异与性别差异：互联网使用对女性劳动参与的影响要略高于男性，但是对城镇户籍个体的影响远高于对农村户籍个体的影响。②对于具体的就业结构而言，互联网的使用降低了劳动者务农的概率，提高了自我雇佣以及成为工资获得者的概率。类似地，互联网使用对就业结构的影响同样存在城乡差异与性别差异。具体而言，城镇户籍劳动者成为工资获得者的概率要高于成为自我雇佣者的概率，但农村户籍劳动者而言二者之间的差异并不显著。这主要是因为农村户籍劳动力的人力资本水平较低，即便能够使用互联网，但是由于学历门槛等原因，其仍然难以找到更高层次的工作，就业范围依旧集中在制造业、建筑业以及低端的服务业，相对而言，成为自我雇佣者或者创业对他们来讲更具有比较优势。相较于男性而言，女性更多地选择成为工资获得者，这与男性女性之间的生理差异以及心理差异有关。男性更倾向于"立业"，女性更倾向于稳定就业。③人力资本水平是影响互联网使用对劳动参与发生作用的重要因素。在 2014 年，互联网对文盲以及高学历劳动者的影响并不显著，仅对小学学历以及初中学历的劳动者具有显著影响。这是由于文盲往往属于收入较低的群体，对互联网难以形成有效需求，更多地属于"从不接受者"，而高学历劳动者由于本身劳动参与率较高，互联网的普及率也较高，互联网的使用仅仅是锦上添花，对其劳动参与可能并不产生较大影响，但仍然可能通过提高其劳动生产率等影响其收入，这将留在下一章进行讨论。④互联网使用对劳动参与的影响渠道是多方面的，其在减少家务劳动时间、提高人力资本水平以及扩展社会资本方面都能够发挥一定的作用。其中，减少家务劳动时间这一影响机制主要对女性劳动者发挥作用，而对男性劳动者并没有显著的影响。这是由于一般而言，女性具备的比较优势以及传统观念，使其更多地承担地家务劳动。互联网的使用提高了家务劳动效率，增加了女性可支配的时间，使其可以将更多的精力投入到工作之中，从而提高了劳动参与率。除此之外，通过互联网的使用，例如网络学习以及工作等，提高人力资本水平，是提高劳动参与的主要因素。通过互联网进行社交活动而带来社会资本的扩展也是重要的影响机制之一。

第五章 互联网使用的收入回报

从宏观层面上来看，互联网的发展不仅促进了我国的经济增长、提高了城乡居民收入，而且改变了劳动力市场对劳动者素质的需求状况。互联网产业的蓬勃发展催生了大量的新颖的就业形式，但也给部分传统行业带来了冲击，造成了就业毁灭。因此，从劳动者个人微观层面来看，互联网的使用能力是否能够使劳动者在就业时具有一定的优势，并且带来收入上的提高，仍然需要从实证的角度进行分析。但是在具体的实证分析方面，样本选择问题是值得重点关注的方面。例如，收入较高的劳动者更有可能使用电脑以及互联网进行工作，这样便会造成样本选择问题从而导致估计偏误。而工作性质等方面的原因可能导致更为严重的样本选择问题。比如金融业、房屋中介等行业的从业人员，比建筑业、餐饮业等行业的从业人员更有可能使用电脑和互联网，这是由工作性质决定的。而且，相对于自我雇佣者，工资获得者的这种样本选择问题可能更为突出。为此，本章将样本锁定为工资获得者，并使用倾向得分匹配模型进行估计。此外，本章讨论了互联网使用收入回报的城乡差异以及性别差异，并讨论了互联网在城乡收入差距以及性别收入差距中所起到的作用。本章的研究为如何从推广互联网相关培训这一角度提高人民收入、缩小城乡以及性别收入差距提供了一定的参考。

第一节　影响机制与研究假设

一、互联网使用影响工资的机制

互联网能够从多个方面对劳动者的收入产生影响。

首先，能够使用互联网本身是一种技能，能够提高劳动者生产力，又是一种人力资本。这是国外学者对互联网使用提高工资的影响机制中最为认同、结论较一致的一种解释，尤其体现在早期的研究文献之中（Goss & Phillips，2002）。在某些高新技术行业中，那些能够使用互联网的劳动者往往比那些不使用互联网的劳动者表现更为突出，工作更有效率，前者因此能够得到更合意的工作、更多的职位晋升机会以及更高的工资水平。根据人力资本理论，互联网的使用带来的工资升水，反映的是由于互联网使用所带来的生产力的提高。此外，即便高低技能劳动者均能够使用互联网，互联网使用所带来的收入回报也存在差异。根据技能偏向型技术进步的经济理论，高学历、高技能的劳动者可能从互联网的使用中获得更大的收益，他们能更好、更快地适应新技术，并且能够最大化地对新技术加以利用，从而使得生产力水平得到提高，工资水平得到提升。

其次，互联网的使用能够提高劳动者社会资本水平。互联网的发展使得沟通更为便捷、信息更加通畅，这不仅提高了劳动者的工作效率，而且也能有效提高劳动者的社会资本（social capital）或者拓展社会网络（social network）。互联网能够通过多种途径提高劳动者的社会资本，从而影响劳动者的工资水平。第一，劳动者可以通过互联网向更多的企业发送简历，获得更多的就业机会。互联网的发展在很大程度上提高了劳动力市场的供求匹配效率，劳动需求方在网上发布相关需求，并说明具体的要求，求职者根据自身特点搜寻相关的职业需求，职位空缺能够得到较快的弥补。值得一提的是，互联网的高速发展使得偏远地区能够以较低的成本参与到经济活动中来，使劳动力市场与地域进一步分离。第二，使用互联网进行社交活动，能够扩展个人的社会网络，新的社会网络为新的就业机会提供了更大的可能性。网上的交流并不是面对面交流的替代，两种交流方式应该是一种互补的关系。而且网上交流更为便捷、成本更低、交际面更广，社会网络越发达，相应的就业机会就越多。第三，私人的社会网络不仅能够提供更多的就业机会，也能提高工作效率。更丰富的社会网络，意味着更多样化的信息来源、更多的潜在客户，在服务业日趋发达的信息化社会，丰富的信息与大量的潜在客户能够带来极大的收益。

再次，互联网的使用是一种信号，能够传达有用的信息。每当高新技术出现时，首先使用高新技术的群体给人一种有能力、适应能力强的印象。因此，使用互联网可能传递出一种信号，表明该使用者对高新技术具有较强的适应能力，能够更好地利用高新技术提高生产效率，而这些个人特征往往难以从简历等其他途径获悉。这种信号也在工资水平上得到反映，使用互联网的劳动者工资更高。有研究表明，雇主认为使用互联网的劳动者能力更强，从而通过在网上发布招聘信息以排除不能使用互联网的低技能劳动者的申请（Niles & Hansoon，2003）。但是互联网的这种信号功能导致的工资水平的提升只是暂时的，随着互联网普及率的不断提高，高低技能劳动者均能使用互联网。此时互联网的信号功能相对减弱，从而导致信号功能带来的高工资不能持续，互联网的回报便会下降。

最后，互联网的使用能够打破工作地点限制，并最大化地利用时间。互联网降低了偏远地区参与经济活动的成本（Forman et al.，2012），使更多低技能劳动者能够参与到经济活动中来。新兴行业的发展，使互联网的作用得到了更大程度上的发挥，进一步打破了工作的时间、地点界限，出现了更多的自由职业者、特殊的劳动群体，如家庭妇女、残疾人等能够通过互联网的途径，获得工作，并提高收入。互联网能有效利用碎片化的时间，延长劳动者的工作时间，从而提高劳动收入。

二、研究假说

互联网的使用能够通过多个机制影响劳动者的工资收入，但是每个机制的影响大小可能存在差异。我们可以通过不同的方法来确定各种影响是否存在以及影响的大小。例如，如果互联网的使用仅仅是通过提高劳动生产率的方式提高工资，那么一般而言只有在工作中使用互联网的劳动者才能获得工资的上涨；反之，如果在家使用互联网也能提高工资，那就说明互联网的使用不仅仅通过提高劳动生产率，还通过扩展社会网络等方式影响工资。因此，鉴于上述原因，本书提出如下几点假说：

假说一：互联网使用能够为劳动者带来正向的收入回报。

虽然互联网影响劳动收入的渠道是多样的，但是该假说关注的是互联网对劳动收入的总体影响。

假说二：互联网的收入回报随时间推移而呈现下降趋势。

随着时间的推移，互联网的普及率越来越高，根据边际收益递减原理，互联网带来的收入回报也会随之下降。当互联网普及率较低时，能够使用互联网是一种有效的技能，可以带来较高的收入回报。但是，当越来越多的劳动者能够使用互联网，互联网的收入回报便会下降。

假说三：互联网是一种技能偏向型技术进步，劳动者的受教育程度越高，其互联网收入回报越高。

通常以受教育水平的高低作为划分高技能劳动者和低技能劳动者的标准。正如本书理论模型中所推导的结论，如果互联网是一种技能偏向型技术进步，那么它对高技能劳动者收入回报的影响应该高于对低技能劳动者收入回报的影响。与此相一致的是，由于城乡劳动者往往在人力资本水平方面存在较大差异，城镇劳动者中具有更高比例的高技能劳动者，而农村劳动者中具有更高比例的低技能劳动者，如果互联网是一种技能偏向型技术进步，那么互联网对城镇劳动者收入回报的影响应当大于对农村劳动者收入回报的影响。

第二节　模型设定与数据描述

一、样本选择问题与倾向得分匹配模型

（一）样本选择问题

城镇居民、高学历人群使用互联网的比例更高，这就导致了样本选择问题（sample selection problem），如果直接将收入对是否使用互联网进行回归，将导致估计结果是有偏的。出现样本选择问题主要是由于以下两个方面的原因：

一方面，是否使用互联网，尤其是在工作中是否使用互联网，与劳动者就业所在行业具有较高的相关性。第一，不同的行业对使用互联网的能力可能有不同的要求。不必说在阿里巴巴、百度等所处的互联网行业，即便是房屋中介、教育培训等服务业也要求员工具有一定的互联网使用能力，相反地，类似建筑、车间生产等制造业企业对互联网使用并没有特殊的要求。对互联网能力要求较高的行业往往属于新兴产业，如 IT 行业、金融业等，这些行业的收入也往往较高。第二，不同的企业对互联网的使用也存在一定差异。即便在同类行业中，盈利能力强、资本力量雄厚以及工资水平较高的企业往往会优先采用新技术，更早地实现信息化办公。第三，个人能力影响企业行为。在推行信息化办公的企业中，企业往往会挑选个人能力较强、互联网使用效用更高的员工优先配备电脑以及网络等设备，而这些员工的工资可能本身较高。综上所述，除了劳动者个人特征外，行业特征、企业特征等都会导致样本选择问题的产生，如何解决该问题将是一个重点也是难点。

另一方面，从个人层面来讲，目前电脑以及智能手机等上网设备并不是生活必需品，其价格对低收入人群来讲仍然较高。我国的宽带费用仍处于较高水平，较高的上网费用也会制约部分人群的上网选择。因此，能够使用互联网的人群可能本身具有较多的资产和较丰厚

的收入。这种情况如果存在的话，变量之间互为因果，可能会导致内生性问题，即使用互联网不仅是高收入的原因，也可能是其结果。

（二）倾向得分匹配模型

本节主要通过两种方法解决样本选择问题。第一种方法，针对就业行业所带来的样本选择问题，采用细分样本进行分析，按照就业类型将劳动者分为两大类别，即工资获得者和自我雇佣者。这样做的理由是工资获得者受雇于单位，是否使用互联网由单位性质、工作内容决定，其使用互联网的回报不仅由个人特征所决定，而且还受到企业性质的影响。相反，自我雇佣的劳动者自己做老板，其企业性质也是由个人特征决定，这样，其使用互联网的回报仅仅由个人特征所决定。对两个子样本的对比分析，将进一步提出企业性质的影响，进一步降低样本选择问题带来的影响。

第二种方法采用的是倾向得分匹配模型（Propensity Score Matching，PSM），该模型是处理由于样本选择所带来的内生性问题的常用方法。该模型的核心思想是为处理组（此处为是否使用互联网）寻找一个反事实的对比组，首先根据劳动者的个人特征估计出其使用互联网的概率，计算一个倾向得分，再根据倾向得分，在控制组中寻找与处理组得分最为接近的样本进行对比分析，从而解决样本选择问题。

首先，本书设定一个简单的计量模型：

$$Y_i = \alpha + \beta * \text{Internet}_i + \gamma * X + \mu_i \tag{5-1}$$

其中，Y_i 是一系列被解释变量，根据研究的主题不同而具有不同的内容，例如个人收入以及就业状态等变量；而 Internet_i 是一个哑变量，家庭使用互联网取 1，家庭不使用互联网则取 0；X 为影响个人收入以及就业状态的其他控制变量；μ_i 为随机扰动项，且 $E(\mu_i) = 0$。

为方便表述，将 Internet_i 简写为 I_i。假设存在两种潜在结果，当 $I_i = 1$ 时，$Y_i = Y_{1i}$；当 $I_i = 0$ 时，$Y_i = Y_{0i}$。则 Y_i 可表述为

$$Y_i = Y_{0i} + (Y_{1i} - Y_{0i}) I_i \tag{5-2}$$

由于当 $I_i = 1$ 时，我们观测到的是 Y_{1i}；当 $I_i = 0$ 时，我们观测到

的是 Y_{0i}，因此：

$$E[Y_i \mid I_i = 1] - E[Y_i \mid I_i = 0] = E[Y_{1i} - Y_{0i} \mid I_i = 1] +$$
$$\{E[Y_{0i} \mid I_i = 1] - E[Y_{0i} \mid I_i = 0]\} \tag{5-3}$$

其中，等式左边表示 OLS 的回归结果，而等式右边第一项表示的是处理组平均处理效应（average treatment effect for the treated，ATT）。等式右边第二项表示选择偏误（selection bias），如果选择偏误为正，例如能力更高、适应力更强的劳动者更有可能选择使用互联网，则 OLS 估计结果将会上偏，高估互联网的收入回报；反之则会低估该影响。

采用 PSM 方法必须满足两个重要的假定：即条件独立假定与共同支撑假定（common support）。条件独立假定是指在控制住相关控制变量 $p(X)$ 后，被解释变量（个人收入等）与是否使用互联网的状态相互独立，即 $Y_i \perp I_i \mid p(X)$。该假定要求尽可能控制住能够影响互联网使用的变量，本书则控制了人口统计学特征变量、家庭特征变量以及地区特征变量，尽可能保证该假定得到满足。当条件独立假定得到满足时，$E[Y_{0i} \mid I_i = 1, p(X_i)] = E[Y_{0i} \mid I_i = 0, p(X_i)]$，即式（5-3）中的选择偏误消失，能够得到无偏有效估计。而共同支撑假定则要求处理组与控制组的倾向得分存在重叠部分，重叠部分越多则匹配效果越好，重叠部分较小将导致样本量的损失，匹配性较差。由于本书使用的数据量较大，匹配的效果较好，能够很好地满足这一假定。

PSM 方法第一步为通过选定的控制变量估计倾向得分并进行匹配，第二步根据匹配样本（matched sample）计算处理组的平均处理效应（ATT），ATT 估计量的一般表达式为

$$\widehat{ATT} = \frac{1}{N_1} \sum_{i:\, F_i = 1} (A_i - \widehat{A_{0i}}) \tag{5-4}$$

其中，$N_1 = \sum_i F_i$ 为处理组个体数，而 $\sum_{i:\, F_i = 1}(A_i - \widehat{A_{0i}})$ 表示仅对处理组个体进行加总。类似地，可以得出平均处理效应（average treatment effect，ATE）和控制组平均处理效应（average treatment effect for the untreated，ATU）。

二、数据来源、变量说明及数据描述

（一）数据来源

本书的数据来源于中国家庭追踪调查（China Family Panel Studies，CFPS）2010 年度和 2014 年度调查数据。CFPS 采用科学的抽样方法，覆盖除西藏、青海、新疆、宁夏、内蒙古、海南、香港、澳门和台湾之外的 25 个省、自治区、直辖市，目标样本规模为 16 000 户，调查对象包含样本家户中的全部家庭成员。CFPS 收集了样本中个人、家庭以及社区三个层次的数据，涵盖了人口统计学特征、家庭收入支出以及社区相关信息。最为重要的是，对于本书关注的核心变量——互联网的使用，其进行了详细的访问，具有较为翔实的数据，能够为本书的研究提供优质的数据。

（二）变量说明和数据描述

本章所关注的核心解释变量为互联网的使用情况，根据 CFPS 家庭问卷中"手机和上网模块"的问题"您/你是否上网？"① 的回答而设定，如果回答"是"则表明其上网，回答"否"则认定其不上网。根据 2010 年问卷以及 2014 年问卷的情况，分别生成两个虚拟变量 internet10 与 internet14。

表 5-1 显示了 2010 年和 2014 年，使用 CFPS 数据计算出的总体以及城乡互联网普及率情况。总体而言，互联网普及率由 2010 年的 20.83% 上升到 2014 年的 34.90%。其中，城镇户籍个体的互联网普及率由 38.28% 上升到 49.89%，而农村户籍个体的互联网普及率由 13.99% 上升到 28.16%。

---

① 问卷中对上网有其定义，指的是通过电话线、局域网、无线网等各种方式接入互联网的行为。

表 5-1　2010 年与 2014 年使用互联网比例

年份	总体/%	城镇户籍/%	农村户籍/%
2010	20.83	38.28	13.99
2014	34.90	49.89	28.16

　　图 5-1 显示的是城乡户籍样本中不同年龄人群使用互联网的比例情况。从图 5-1 能够得出以下几点结论：首先，在各个年龄段都存在城乡的"数字鸿沟"，在 20~30 岁的年龄段中，该差距最小，但这种"数字鸿沟"随着年龄的增加而增大。城镇户籍样本中，40 岁以下年龄段使用互联网的比例均在 40% 以上，在 40 岁以上年龄段中，使用互联网的比例也在 20% 左右。反观农村户籍样本，仅在 20~30 岁的年龄段中，互联网使用比例超过了 40%，而其他年龄段使用互联网的比例均在 60% 以下，40 岁以上年龄段该比例低于 20%。其次，无论是城镇户籍还是农村户籍，20~30 岁年龄段使用互联网的比例最高，随后开始下降，而且农村户籍的下降速度要快于城镇户籍。

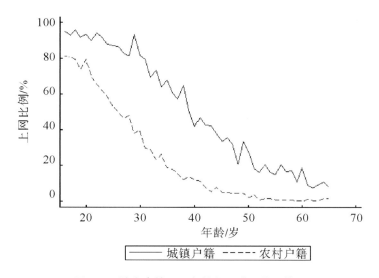

图 5-1　城乡户籍不同年龄段互联网使用情况

　　图5-2则显示了互联网使用的性别差异。与城乡户籍样本之间存在显著的"数字鸿沟"不同，虽然在不同年龄段中女性的互联网普及率均低于男性，但是相对而言差距并不明显。

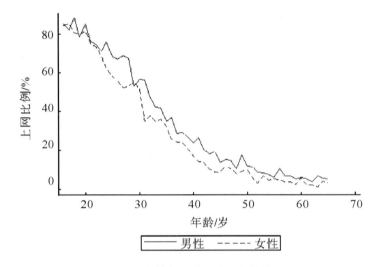

图5-2　不同年龄段互联网使用比例性别差异

　　图5-3描述了不同学历样本的互联网使用情况。互联网使用比例与学历基本呈正相关关系，文盲群体的互联网使用比例仅为21.69%，而大学本科、硕士及博士样本的互联网使用比例均在90%左右。这是由于学历越高的劳动者其收入总体而言更高，其受到的流动性约束越小，更有能力购买电脑等硬件以及支付互联网的上网费用。另外，虽然使用互联网对技术水平的要求较低，但是其仍然需要一定的文化水平，文盲等学历较低的人群使用互联网仍然受到一定的限制。

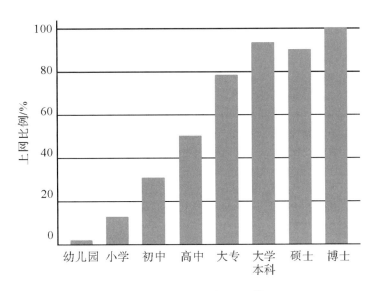

图 5-3　不同学历互联网使用情况

　　表 5-2 是相关变量的描述性统计结果。从城镇户籍样本和农村户籍样本的对比中，我们仍能发现一些值得关注的地方。第一，城乡之间存在显著的"数字鸿沟"。这与图 5-1 所表现的内容相一致。以 2010 年为例，城镇户籍劳动者的互联网普及率为 50.2%，而农村户籍劳动者仅为 25.5%。第二，城乡收入仍然存在较大的差距。在 2010 年，城镇户籍人均工资收入是农村户籍人均收入的 2.8 倍左右[1]。城乡收入差距不仅导致城乡之间的消费水平、人力资本投资等方面存在差异，而且还可能导致较为严重的"数字鸿沟"，人力资本的差距与"数字鸿沟"反过来又引致更为严重的收入差距，从而形成恶性循环。第三，农村户籍劳动者的平均年龄要低于城镇户籍劳动者。以 2010 年为例，城镇户籍劳动者的平均年龄为 38.55 岁，而农村户籍劳动者的平均年龄为 36.33 岁。农村户籍劳动者更年轻，是由于从事工资获得工作的农村户籍劳动者中具有较大比例的外出务工人员，而后者往往以青年为主。第四，在受教育程度方面，城乡仍然呈现出较大的差

---

[1]　$e^{10.1/9.71} \approx 2.81$。

距。以 2010 年数据为例，城镇户籍劳动者中大专及以上学历占比 33.2%，而农村户籍劳动者中该学历水平占比仅为 3.48%；城镇户籍劳动者中初中及小学学历占比仅为 8.8%，而农村户籍劳动者中流学历水平占比则为 40.2%。城乡教育差距反映了农村户籍劳动者在人力资本方面的不足，这是导致农村地区收入水平较低的重要原因。除受教育程度外，健康水平也是一种人力资本，但其在城乡之间的差异并不显著。第四，作为家庭社会资本或者资产代理变量的父母受教育水平同样存在城乡差异。城镇户籍劳动者的父母受教育水平更高。这说明城镇户籍劳动者在家庭背景方面存在一定的优势，这同样是本书样本选择问题的反映。

表 5-2 相关变量描述性统计

变量	解释	2010 年		2014 年	
		城镇户籍	农村户籍	城镇户籍	农村户籍
lnsalary	工资收入对数	10.01	9.708	9.985	9.649
		(0.754)	(0.752)	(1.158)	(1.293)
internet	虚拟变量	0.502	0.255	0.616	0.427
	使用互联网=1，否则=0	(0.500)	(0.436)	(0.486)	(0.495)
male	虚拟变量	0.575	0.614	0.575	0.632
	男性=1，否则=0	(0.494)	(0.487)	(0.494)	(0.482)
age1	年龄	38.55	36.33	40.53	36.62
		(11.01)	(12.21)	(12.15)	(12.94)
age2	年龄的平方/100	16.07	14.69	17.90	15.08
		(8.599)	(9.198)	(10.12)	(10.33)
primary	虚拟变量	0.028 1	0.157	0.083 6	0.243
	小学学历=1，否则=0	(0.165)	(0.364)	(0.277)	(0.429)
middle	虚拟变量	0.059 5	0.245	0.248	0.377

表5-2(续)

变量	解释	2010 年		2014 年	
		城镇户籍	农村户籍	城镇户籍	农村户籍
	初中学历=1，否则=0	(0.237)	(0.430)	(0.432)	(0.485)
high	虚拟变量	0.282	0.422	0.271	0.136
	高中学历=1，否则=0	(0.450)	(0.494)	(0.445)	(0.343)
college	虚拟变量	0.332	0.034 8	0.295	0.048 4
	大专及以上学历=1，否则=0	(0.471)	(0.183)	(0.456)	(0.215)
marriage	虚拟变量	0.788	0.767	0.795	0.733
	已婚=1，否则=0	(0.409)	(0.423)	(0.403)	(0.442)
nation	虚拟变量	0.955	0.936	0.959	0.933
	汉族=1，否则=0	(0.206)	(0.245)	(0.197)	(0.250)
health	自评健康水平	4.428	4.464	3.251	3.374
	1~5 分别表示"非常不健康""比较不健康""一般""健康"和"非常健康"	(0.730)	(0.783)	(1.056)	(1.159)
feduc	父亲受教育年限	6.310	4.331	4.626	2.575
		(5.048)	(4.297)	(5.019)	(3.941)
meduc	母亲受教育年限	4.815	2.433	3.372	1.414
		(4.784)	(3.636)	(4.510)	(3.015)
N	观测值	4 523	6 526	4 748	8 989

注：括号内为标准差。工资收入包括①月工资，②每月浮动工资、加班费以及各种补贴和奖励，③年终奖，④发放实物折合现金，⑤第二职业、兼职或临时性收入（含实物折合现金），⑥其他劳动收入合计，⑦离/退休金。其中，所有工资收入已经调整为年收入。本书还控制了所在行业虚拟变量（共分 21 类，设置 20 个虚拟变量），因篇幅所限，并未列出。

第三节　实证结果

一、使用互联网的收入回报

表5-3显示的是互联网的使用对劳动者个人收入的回归结果，采用的是最小二乘回归（OLS）。表5-3的模型（1）、模型（2）和模型（3）是使用2010年数据的回归结果，模型（4）、模型（5）、模型（6）和模型（7）是使用2014年数据的回归结果。

首先，从表5-3中，我们能够发现，在控制住个人特征、行业特征以及省份固定效应后，使用互联网能够提高劳动收入回报，在2010年能够提高25.5%的收入，而在2014年，能够提高19.2%的收入。

以2010年模型（1）的回归结果为例，仅将收入对互联网使用进行回归，结果发现互联网的使用对收入具有显著的正向影响，使用互联网将提高26%的收入，而且在1%的显著性水平上显著。这似乎是一个可以接受的范围，但是由于不同行业使用互联网的比例不同，例如与"白领"相关的行业互联网使用比例较高，而与"蓝领"相关的行业互联网使用比例较低，为此须控制行业特征。模型（2）的回归结果表明，在控制行业特征后，互联网使用对劳动收入的正向影响有所提高，达到26.8%。但仍需控制住省份的固定效应以达到最优的估计结果，不同省份或者地区的互联网发展程度不同，相应地，互联网所带来的就业结构变动也存在差异，所以个人使用互联网的回报也会受到影响。模型（3）的回归结果表明，在控制住省份的固定效应后，互联网仍然能够使劳动者的收入提高25.5%。而且在逐步引入控制变量的过程中，R^2从0.184逐渐提高到0.244，说明模型的解释力有较大程度上的提高。2014年数据的回归结果呈现类似趋势，在逐渐加入行业虚拟变量和地区虚拟变量后，互联网的收入回报从17.8%变为19.2%。

表5-3　使用互联网的收入回报（OLS模型）

变量	2010年数据			2014年数据			
	模型（1）	模型（2）	模型（3）	模型（4）	模型（5）	模型（6）	模型（7）
internet	0.260***	0.268***	0.255***	0.178***	0.203***	0.192***	0.163***
	(0.022 2)	(0.022 3)	(0.021 8)	(0.031 8)	(0.029 8)	(0.029 4)	(0.032 5)
male	0.330***	0.299***	0.311***	0.491***	0.412***	0.428***	0.198***
	(0.017 1)	(0.018 7)	(0.018 2)	(0.025 9)	(0.025 4)	(0.024 9)	(0.029 1)
age	0.040 5***	0.035 1***	0.041 5***	0.120***	0.069 7***	0.074 2***	0.025 0**
	(0.006 65)	(0.006 80)	(0.006 64)	(0.011 1)	(0.009 52)	(0.009 83)	(0.010 6)
ages	-0.047 8***	-0.039 3***	-0.049 0***	-0.139***	0.081 9***	0.088 7***	0.032 8***
	(0.008 28)	(0.008 45)	(0.008 24)	(0.012 4)	(0.010 9)	(0.011 2)	(0.012 1)
primary	-0.258***	-0.263***	-0.262***	0.131***	0.053 3	0.077 1	-0.030 7
	(0.039 0)	(0.038 8)	(0.037 9)	(0.047 1)	(0.049 0)	(0.048 2)	(0.067 0)
middle	-0.099 2***	-0.116***	-0.115***	0.148***	0.104**	0.113**	-0.013 5
	(0.029 7)	(0.030 2)	(0.029 6)	(0.044 6)	(0.047 0)	(0.046 1)	(0.063 0)
high	-0.065 6***	-0.068 7***	-0.078 9***	0.226***	0.128**	0.147***	-0.016 1

表5-3（续）

变量	2010 年数据			2014 年数据			
	模型（1）	模型（2）	模型（3）	模型（4）	模型（5）	模型（6）	模型（7）
	(0.023 3)	(0.023 6)	(0.023 1)	(0.052 2)	(0.053 3)	(0.052 3)	(0.070 0)
college	0.331***	0.340***	0.325***	0.693***	0.543***	0.548***	0.158**
	(0.027 2)	(0.029 4)	(0.028 5)	(0.055 3)	(0.058 1)	(0.056 8)	(0.074 7)
marriage	0.116***	0.119***	0.102***	0.274***	0.084 7**	0.086 3**	0.039 1
	(0.027 9)	(0.028 1)	(0.027 4)	(0.043 1)	(0.039 0)	(0.038 7)	(0.046 1)
nation	0.162***	0.137***	0.052 3	0.105*	0.055 6	-0.051 9	-0.030 5
	(0.043 5)	(0.041 6)	(0.042 8)	(0.056 4)	(0.054 8)	(0.058 5)	(0.064 6)
hukou	-0.071 8***	-0.082 3***	-0.092 9***	-0.149***	-0.109***	-0.119***	-0.069 8**
	(0.020 1)	(0.020 4)	(0.019 9)	(0.029 7)	(0.028 3)	(0.028 0)	(0.031 4)
health	0.063 8***	0.069 9***	0.071 9***	0.053 7***	0.052 9***	0.053 3***	0.043 5***
	(0.013 3)	(0.013 4)	(0.013 2)	(0.011 6)	(0.011 5)	(0.011 3)	(0.013 2)
feduc	0.002 86	0.002 36	0.002 38	-0.002 94	0.001 10	0.001 21	0.003 11
	(0.002 25)	(0.002 26)	(0.002 22)	(0.003 31)	(0.003 25)	(0.003 22)	(0.003 27)
meduc	0.003 48	0.001 96	0.003 27	0.008 82**	0.004 90	0.006 85*	0.004 62

表5-3（续）

变量	2010年数据			2014年数据			
	模型（1）	模型（2）	模型（3）	模型（4）	模型（5）	模型（6）	模型（7）
	(0.002 75)	(0.002 78)	(0.002 71)	(0.003 90)	(0.003 65)	(0.003 60)	(0.003 83)
Constant	8.215***	8.406***	8.475***	6.411***	7.686***	7.541***	4.980***
	(0.149)	(0.297)	(0.294)	(0.255)	(0.246)	(0.249)	(0.427)
行业虚拟变量	No	Yes	Yes	No	Yes	Yes	Yes
省份虚拟变量	No	No	Yes	No	No	Yes	Yes
2010年收入	—	—	—	No	No	No	Yes
观测值	7 113	6 969	6 969	6 235	5 047	5 047	2 689
R-squared	0.184	0.205	0.244	0.189	0.178	0.209	0.328

注：模型（1）、模型（2）和模型（3）使用的是2010年度数据进行的回归，其中，模型（1）仅加入了个人特征变量、家庭特征变量；模型（2）在模型（1）的基础上加入了工作所在行业的虚拟变量；模型（3）在模型（2）的基础上加入了地区虚拟变量。模型（4）、模型（5）、模型（6）和模型（7）使用的是2014年度数据进行的回归，其中模型（4）、模型（5）和模型（6）重复了模型（1）、模型（2）和模型（3）的回归，而模型（7）则在模型（6）的基础上加入了2010年度劳动工资收入这一控制变量。括号中数字为标准差。*、**、***分别表示在0.1、0.05和0.01的显著性水平上显著。

119

　　总体而言，互联网使用能够获得 19.2%～25.5% 的收入回报，这个影响高于国外学者使用发达国家数据估计的互联网回报，例如，Goss 和 Phillips（2002）运用美国调查的数据估计得出美国的互联网回报率在 15% 左右；Lee 和 Kim（2004）更是估计美国的互联网使用回报率仅为 8%。但是本节的估计结果与发展中国家的互联网使用回报率较为接近。卜茂亮等（2011）利用中国家庭动态跟踪调查（CFPS）数据研究了互联网对我国劳动力市场的影响，发现在控制了年龄、教育、健康以及婚姻状况等因素之后，互联网的使用仍然有 60% 的收入回报，其中农村地区约为 78%，而城镇地区约为 38%。综合上述不同国家的估计结果可以发现，发达国家的互联网使用回报率较低，而发展中国家的互联网使用回报率较高。发展中国家与发达国家之间的互联网使用回报率存在差异，可能是由多方面原因造成的。一个可能的解释是：诸如美国等发达国家互联网的普及率较高，而互联网的使用效用是边际递减的，当所有人都使用互联网时，互联网的收入效应应该降到最低，因此，随着互联网的逐渐普及，使用互联网的回报也将逐渐降低。我国等发展中国家的互联网回报率较高可能是由于互联网的普及率较低。另一个原因，可能是由于在发展中国家中，使用互联网和不使用互联网的人群之间的收益差距本来就比较显著，高的收入差距放大了互联网的作用。此外，发达国家研究互联网使用的回报的时间较早，集中在 2002—2008 年，那时候的互联网仍处在发展初期，互联网的应用范围以及应用深度与今天不可同日而语，因而回报率相对较低。而在今天，我们的衣食住行用均离不开互联网，而且如今基于互联网的创业企业如雨后春笋般不断涌现，其创造的财富极为可观，所以即便在相同的"数字鸿沟"下，如今的互联网回报所带来的收入方面的差距可能更大、更为显著。

　　其次，我国的互联网使用的收入回报呈下降趋势，由 2010 年的 25.5% 下降到 2014 年的 19.2%。这与发达国家和发展中国家之间的互联网回报差异类似，在互联网发展初期，仅经济地位较高、人力资本更为丰富的群体更愿意而且能够更好地适应新技术的传播，随着互联网的逐渐普及，经济地位以及人力资本水平较低的群体也开始接受互联网，互联网的使用人数以及应用范围也逐步扩大。因此，互联网的收入回报随时间下降主要是由于互联网的普及。一方面，当互联网使用人数以及使用范围较小时，由于互联网资源的稀缺性，其边际回报是极高的。随着互联网的迅速扩散，互联网接入的门槛降低，越来越多的人能够使用互联网，而且互联网使用的范围也在增加，当互联网逐步由稀缺资源变为一种丰富的资源时，其边际收益就随之递减。另一方面，在互联网发展初期，仅有少数群体能够接触互联网，即经济地位以及人力资本水平较高的群体往往更容易接触到互联网，且更易于适应互联网，对互联网的利用能够达到最大化，故而其收益较高。随着互联网的普及，那些经济地位以及人力资本水平较低的群体也能够以较低的成本接触互联网，但是由于自身的能力不足，他们并不能够最大限度地发挥互联网潜在的作用，这又会导致互联网的收入回报下降。

最后，互联网使用的收入回报存在自选择问题。正如上文所描述的那样，劳动者的个人特征以及就业所在行业、就业单位的特征都能够影响到其是否使用互联网，这就导致那些使用互联网的劳动者可能本身就是收入较高的群体。表5-3模型（7）的回归是将2010年的收入作为控制变量加入2014年的回归方程中，以控制不可观测的个人特征。结果发现，在控制住不可观测的个人特征后，互联网对收入的回报仍然十分显著，但是回报率有所下降，由19.2%下降到16.3%。这说明OLS回归确实存在一定的偏误，会高估互联网所带来的收入回报。

其他控制变量对工资收入的影响基本符合预期。男性相比女性获得了更高的工资，在控制2010年收入后，这种差异仍然存在。同对劳动参与的影响相同，年龄对工资收入的影响同样呈现倒"U"形的趋势。相较于文盲而言，小学学历对工资的影响基本不显著，而初中学历、高中学历和大专及以上学历对工资收入具有显著的正向影响，而且这种正向影响随着受教育程度的提高而扩大。但是，在控制了2010年收入后，仅有大专及以上学历对工资的影响仍然显著。婚姻状态对工资收入具有显著的正向影响，但是在控制了2010年收入后，则变得不显著。民族虽然对劳动参与产生了影响，但是对工资收入的影响却不显著。户籍状态对工资收入影响显著，即便在控制 2010 年收入后，农村户籍仍然对工资产生了显著的负向影响。这说明我国市场上可能仍然存在一定的户籍歧视。健康作为一种重要的人力资本，对工资收入产生了显著的正向影响。父母受教育程度是家庭资本的代理变量，并没有证据表明其对个人工资收入产生了影响。

二、互联网使用的收入回报——PSM 模型

上一节的回归分析虽然已经控制了个人的人口统计学特征变量以及家庭特征变量，并进一步控制了就业类型、行业特征，但是仍然存在某些不可观测的因素影响劳动者的个人选择，使得样本非随机，并导致样本选择问题。虽然我们在模型中加入了 2010 年个人收入以控制不可观测的异质性问题，但是仍然可能无法完全控制随时间变化的异质性，为此，本书采用另一种方法即 PSM 模型来解决样本选择问题。

首先，使用 Probit 模型分析使用互联网的影响因素，被解释变量为是否使用互联网。结果发现，女性在互联网的使用中处于不利地位。年龄对互联网使用的影响并没有呈现明显的倒 "U" 形趋势，仅有一次项显著为负。受教育程度与使用互联网之间呈显著的正相关关系，并且学历越高，劳动者使用互联网的概率越大。其他的变量也基本符合预期。父母受教育程度作为家庭资本的代理变量，对互联网的使用基本呈现正向的影响。此外，城镇户籍和农村户籍在对某些变量的影响方面存在差异。例如，性别对城镇户籍的劳动者没有显著的影响。

表 5-4　互联网使用的影响因素（Probit 模型：边际效应）

变量	2010 年数据			2014 年数据		
	总体	城镇户籍	农村户籍	总体	城镇户籍	农村户籍
male	0.052 6***	0.054 5***	0.049 7***	0.034 2***	0.012 1	0.061 8***
	(0.009 83)	(0.015 6)	(0.012 6)	(0.010 3)	(0.014 9)	(0.013 9)

表5-4(续)

变量	2010 年数据			2014 年数据		
	总体	城镇户籍	农村户籍	总体	城镇户籍	农村户籍
age	−0.021 9 ***	−0.028 3 ***	−0.014 4 ***	−0.021 1 ***	−0.011 9 *	−0.018 7 ***
	(0.003 44)	(0.006 10)	(0.004 84)	(0.004 99)	(0.006 88)	(0.005 27)
ages	0.010 8 **	0.017 4 **	0.002 09	0.006 03	−0.002 70	0.001 96
	(0.004 58)	(0.007 79)	(0.006 86)	(0.005 89)	(0.007 82)	(0.006 69)
primary	−0.291 ***	−0.349 ***	−0.257 ***	0.083 2 ***	0.029 4	0.081 2 ***
	(0.027 8)	(0.072 4)	(0.028 2)	(0.023 6)	(0.047 5)	(0.025 5)
middle	−0.250 ***	−0.283 ***	−0.225 ***	0.182 ***	0.139 ***	0.177 ***
	(0.016 3)	(0.035 7)	(0.018 1)	(0.022 1)	(0.041 9)	(0.024 0)
high	−0.120 ***	−0.134 ***	−0.112 ***	0.293 ***	0.282 ***	0.257 ***
	(0.011 3)	(0.018 0)	(0.014 9)	(0.023 2)	(0.041 5)	(0.027 4)
college	0.143 ***	0.154 ***	0.138 ***	0.436 ***	0.436 ***	0.347 ***
	(0.014 3)	(0.018 4)	(0.029 0)	(0.025 4)	(0.042 5)	(0.038 7)
marriage	−0.053 1 ***	−0.045 9 *	−0.064 3 ***	−0.001 98	0.008 96	−0.015 5
	(0.015 1)	(0.024 2)	(0.018 9)	(0.018 5)	(0.025 2)	(0.022 4)
nation	0.009 22	−0.027 0	0.038 0	0.063 7 ***	0.052 4	0.073 9 **
	(0.021 9)	(0.036 3)	(0.028 0)	(0.023 7)	(0.036 7)	(0.030 2)
hukou	−0.075 4 ***			−0.084 2 ***		
	(0.010 8)			(0.011 5)		
health	−0.001 99	0.002 09	−0.004 11	−0.003 01	−0.010 9	0.003 07
	(0.006 29)	(0.010 4)	(0.007 59)	(0.004 52)	(0.006 82)	(0.005 96)
feduc	0.002 49 **	0.002 73	0.002 49	0.003 62 ***	0.003 78 **	0.002 52
	(0.001 19)	(0.001 87)	(0.001 53)	(0.001 26)	(0.001 82)	(0.001 72)
meduc	0.003 67 ***	0.003 33 *	0.004 21 ***	0.004 12 ***	0.004 09 **	0.004 51 **
	(0.001 27)	(0.002 00)	(0.001 62)	(0.001 40)	(0.001 96)	(0.001 96)
Constant	2.101 ***	1.561 **	1.377 ***	2.672 ***	3.214 ***	1.599 ***
	(0.459)	(0.637)	(0.519)	(0.316)	(0.512)	(0.456)
行业虚拟变量	Yes	Yes	Yes	Yes	Yes	Yes
省份虚拟变量	Yes	Yes	Yes	Yes	Yes	Yes
观测值	6 180	3 015	3 165	6 518	2 893	3 625

注：括号中数字为标准差，*、**、*** 分别表示在 0.1、0.05 和 0.01 的显著性水平上显著。

对于 PSM 模型，有两点需要做一下说明。第一，通常有三种不同的处理效应。一是平均处理效应（Average Treatment Effect，ATE），ATE 表示随机从总体中抽出的个体的期望处理效应，无论该个体是否参与项目。ATE 是一种总体的平均处理效应，但是总体之中可能有些样本并没有可能或者资格参与项目，所以该效应的定义过于宽泛，这也遭受了一些学者的批评。但是，总可以通过对总体进行限制，使得重新定义的总体仅包含有资格参加项目的个体。二是与 ATE 不同的处理组的平均处理效应（Average Treatment Effect on the Treated，ATT），ATT 仅考虑项目实际参加者的平均处理效应。由于 ATT 反映的是被处理的个体的平均效应，往往受到更多学者以及政策制定者的关注。三是可以定义控制组的平均处理效应（Average Treatment Effect on the Untreated，ATU），ATU 衡量的是那些控制组的群体，如果参与处理，其处理效应平均的大小。由于控制组中群体参与处理的可能性较小，往往该效应的应用范围较小，较少使用。

其次，分别使用了四种匹配方式，分别为近邻匹配（nearest neighbor matching）、半径匹配（radius matching）、核匹配（kernel matching）以及局部线性回归匹配（local linear regression matching）。近邻匹配指的是寻找倾向得分最接近的 k 个不同组的个体，如果 $k=1$，则为一对一匹配（one-to-one matching），该匹配方式的缺点在于，即便是最为接近的个体，其倾向得分偏差仍然很大，从而失去可比性。半径匹配又称卡尺匹配（caliper matching），是指限制倾向得分的绝对距离 $|p_i - p_j| \leqslant \varepsilon$，一般建议 $\varepsilon \leqslant 0.25 \hat{\sigma}_{\text{pscore}}$，其中 $\hat{\sigma}_{\text{pscore}}$ 为倾向得分的样本标准差。上述两种方法本质上都属于近邻匹配，即在控制组中为处理组寻找倾向得分最为接近的个体，然后根据匹配的结果进行简单的算数平均。接下来介绍的两种匹配方法是整体匹配法，即将处理组匹配所有控制组的个体，然后根据不同个体的特征赋予不同的权重，一般而言，距离较近的个体权重大，而距离较远的个体权重小，如果超出一定规定的范围则可以设定权重为 0。如果使用核函数来计算权重，则为核匹配；如果不进行核回归，而使用局部线性回归来估计权重，则为局部线性回归匹配。

在实际进行匹配时，如何选择合适的匹配方法，目前并没有相关文献进行论证，但仍有一些经验上的结论。一般认为，没有某一种匹配方法能够适用于所有情形，必须根据特定的数据特点来选择特定的匹配方法。例如，如果控制组的个体比较少，则应当使用有放回的匹配；如果存在比较多的有可比性的控制组个体，则使用一对多匹配或者核匹配能够有效提高匹配效率。在实际应用中，一般同时运用多种匹配方式进行匹配，如果结果较为一致，说明匹配结果不依赖于特定的匹配方法，得出的结论较为稳健；反之，如果不同的匹配方法得出的结果差异较大，则可能需要探究出现差异的原因，选择最为有效的匹配方法（陈强，2014）。

表5-5是使用PSM模型分析的互联网使用的收入回报。表5-5中从左到右分别为近邻匹配、半径匹配、核匹配和局部线性回归匹配的估计结果；回归结果中的从上到下分别为2010年和2014年处理组的平均处理效应（ATT）、控制组的平均处理效应（ATU）以及平均处理效应（ATE）。

由表5-5中的回归结果可知，在使用PSM模型解决样本选择问题后，互联网使用对工资收入的影响仍然显著为正，并且无论2010年还是2014年的数据，使用PSM模型得出的结果均小于使用OLS回归得出的结果。这说明互联网的使用与工资收入之间存在一定的正向选择偏误，如果使用OLS回归，将高估互联网使用的收入回报。而使用倾向得分匹配模型能够很好地降低估计偏误。具体而言，使用2010年数据进行匹配时，无论使用哪种匹配方法，平均处理效应（ATE）在21.7%~22.5%，小于OLS回归的25.5%。而使用2014年数据进行匹配，平均处理效应（ATE）在15.4%~16.0%，小于OLS回归的19.2%。但是PSM回归结果与加入2010年收入的回归结果16.3%非常接近，这说明通过控制以前的收入也能在一定程度上降低样本选择问题所带来的估计偏误。

此外，控制组的平均处理效应（ATU）在两年的匹配回归中也十分显著，在2010年数据回归中，ATU在21%左右，而在2014年数据中，ATU在22%左右，略有提高。这一结果说明，如果不使用互联网的劳动者开始使用互联网，其工资收入将会提高 20%。这一点具有很强的政策含义，如果政府能够加大宽带基础设施建设，推进网络的提速降费，推动互联网的普及，将会促使部分人群收入提高。由于目前农村地区互联网普及率相对较低，这些政策可能更加惠及农村人口，从而降低城乡收入差距，促进社会和谐稳定。

表 5-5　使用互联网的收入回报（PSM 模型）

	近邻匹配	半径匹配	核匹配	局部线性回归
Panel A：2010 年				
ATT	0. 229 ***	0. 243 ***	0. 243 ***	0. 235 ***
	（0. 042 1）	（0. 035 3）	（0. 035 3）	（0. 032 2）
ATU	0. 209 ***	0. 207 ***	0. 207 ***	0. 218 ***
	（0. 049 9）	（0. 044 3）	（0. 044 3）	（0. 042 4）
ATE	0. 217 ***	0. 222 ***	0. 222 ***	0. 225 ***
	（0. 035 0）	（0. 031 1）	（0. 031 1）	（0. 029 9）
处理组/控制组	2 376/1 631	2 376/1 631	2 376/1 631	2 376/1 631
Panel B：2014 年				
ATT	0. 102 **	0. 099 5 **	0. 099 5 **	0. 106 ***
	（0. 051 6）	（0. 046 7）	（0. 044 8）	（0. 038 6）
ATU	0. 223 ***	0. 212 ***	0. 212 ***	0. 218 ***
	（0. 063 7）	（0. 056 5）	（0. 056 0）	（0. 051 2）
ATE	0. 160 ***	0. 154 ***	0. 154 ***	0. 160 ***
	（0. 042 2）	（0. 038 9）	（0. 035 1）	（0. 033 0）
处理组/控制组	2 555/2 492	2 555/2 492	2 555/2 492	2 555/2 492

　　注：括号中的标准差由自助法 bootstrap300 次获得。临近匹配使用一对一匹配，半径匹配中半径设定为 0. 01，核匹配和局部线性回归匹配使用的是默认带宽。*、** 和 *** 分别代表在 10%、5% 和 1% 的显著性水平上显著。

　　使用得分倾向匹配方法还要求进行处理组和控制组的平衡性检验，即要求处理组和控制组除所关注的被解释变量外，其他控制变量应该没有系统性的差异，平衡性的检验见表 5-6 和表 5-7。由检验结果可知，在匹配前，使用互联网和不使用互联网的样本在年龄、受教育程度、婚姻、户口、自评健康状况以及父母受教育程度方面均存在较大差异（偏误比例在10%以上）。经过匹配后，所有变量的偏误比例均在10%以下。而且原本偏误比例在10%以下的性别也有所降低，虽然民族的偏误比例反而上升，但是仍然在10%以下。这说明样本进行了较好的匹配，处理组（使用互联网）和对照组（不使用互联网）之间已经不存在系统性偏差，所以能够有效消除自选择所带来的偏差，提高估计效率。

表5-6　平衡性检验结果（2010年）

变量	匹配类型	处理组	控制组	偏误比例/%	偏误降低比例/%	两组差异t值
male	匹配前	0.606	0.641	-7.1		-2.23
	匹配后	0.604	0.595	1.8	75.2	0.5
age	匹配前	32.833	41.978	-100.4		-31.1
	匹配后	32.933	32.694	2.6	97.4	0.76
ages	匹配前	11.571	18.488	-97.3		-29.7
	匹配后	11.637	11.511	1.8	98.2	0.56
primary	匹配前	0.007	0.088	-38.6		-11.1
	匹配后	0.007	0.004	1.6	95.8	1.28
middle	匹配前	0.037	0.186	-48.9		-14.4
	匹配后	0.037	0.035	0.7	98.6	0.31
high	匹配前	0.250	0.431	-38.8		-11.9
	匹配后	0.253	0.268	-3.2	91.7	-0.96
college	匹配前	0.435	0.091	84.8		27.69
	匹配后	0.429	0.436	-1.9	97.8	-0.44
marriage	匹配前	0.733	0.933	-55.7		-18.2

表5-6(续)

变量	匹配类型	处理组	控制组	偏误比例/%	偏误降低比例/%	两组差异t值
	匹配后	0.739	0.743	−1.1	98.1	−0.25
nation	匹配前	0.963	0.960	1.7		0.52
	匹配后	0.963	0.973	−5.5	−228	−1.69
hukou	匹配前	0.331	0.562	−47.7		−14.7
	匹配后	0.333	0.324	1.9	96.1	0.55
health	匹配前	4.537	4.430	15.5		4.77
	匹配后	4.533	4.550	−2.4	84.5	−0.74
fedu	匹配前	7.626	4.495	70.5		21.95
	匹配后	7.587	7.399	4.2	94	1.22
medu	匹配前	5.695	2.524	76		24.01
	匹配后	5.632	5.432	4.8	93.7	1.23

注:实际用于匹配的变量还包括行业虚拟变量以及省份虚拟变量,限于篇幅并未报告。

表5-7 平衡性检验结果(2014年)

变量	匹配类型	处理组	控制组	偏误比例(%)	偏误降低比例(%)	两组差异t值
male	匹配前	0.564	0.620	−11.2		−4.96
	匹配后	0.564	0.560	0.8	93.2	0.36
age	匹配前	32.076	45.228	−125.9		−56.10
	匹配后	32.090	31.651	4.2	96.7	2.12
ages	匹配前	1 122.100	2 170.400	−120.7		−54.34
	匹配后	1 123.100	1 095.100	3.2	97.3	1.87

表5-7(续)

变量	匹配类型	处理组	控制组	偏误比例（%）	偏误降低比例（%）	两组差异t值
primary	匹配前	0.096	0.245	−40.5		−18.28
	匹配后	0.096	0.097	−0.2	99.5	−0.12
middle	匹配前	0.265	0.346	−17.6		−7.8
	匹配后	**0.265**	0.275	−2.1	88.3	−0.99
high	**匹配前**	0.243	**0.144**	25.2		11.04
	匹配后	0.243	0.228	3.8	85	1.63
college	匹配前	0.269	0.043	65.7		28.07
	匹配后	0.268	0.285	−4.9	92.5	−1.78
marriage	匹配前	0.694	0.892	−50.4		−21.83
	匹配后	0.695	0.681	3.6	92.9	1.41
hukou	匹配前	3.474	3.185	−32.3		−14.23
	匹配后	3.473	3.619	0.5	98.3	0.25
health	匹配前	0.564	0.620	26.7		11.89
	匹配后	0.564	0.560	−13.5	49.5	−6.60

注：实际用于匹配的变量还包括行业虚拟变量以及省份虚拟变量，限于篇幅并未报告。

从图5-4和图5-5分别是各变量的标准化变化偏差以及倾向得分的共同取值范围图示，更加直观地表现了匹配的效果。如图5-4所示，几乎所有变量的标准化偏差在匹配后变小了。

从图5-5则可以看出，绝大多数观测值都落在共同取值范围内（on support），这样在匹配时能够充分利用样本，减小样本的损失。

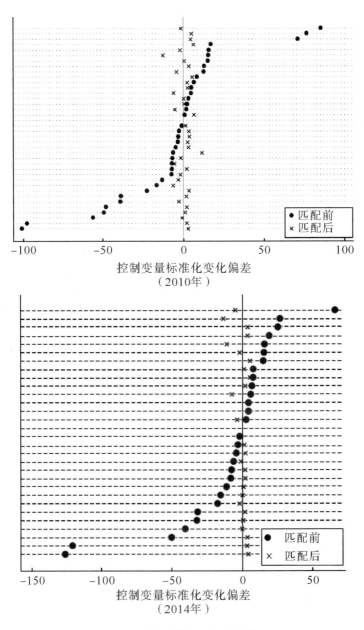

图 5-4 各变量的标准化变化偏差

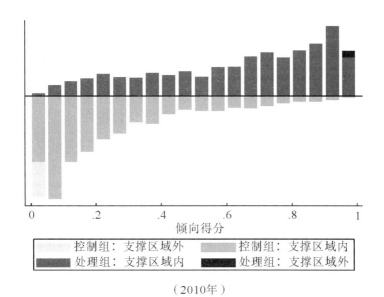

（2010年）

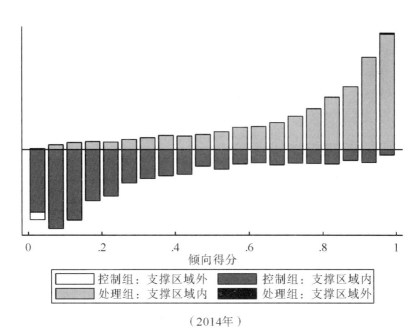

（2014年）

图5-5　倾向得分的共同取值范围

三、互联网使用收入回报的进一步讨论

表 5-8 报告的是 2010 年与 2014 年城乡互联网使用回报的差异。根据回归结果,能够得到以下几点结论:

第一,城镇户籍劳动者的互联网使用收入回报高于农村户籍劳动者(仅 2010 年中 ATT 的结果出现差异)。在 2010 年,城镇户籍劳动者平均能够得到 23.6% 的收入回报,但农村户籍劳动者仅能得到 18.2% 的收入回报。与 2014 年类似,城镇户籍劳动者平均能够得到 17.2% 的收入回报,但农村户籍劳动者仅能得到 11.7% 的收入回报。而且,农村户籍劳动者在 2014 年的互联网使用收入回报的显著性降低,仅在 10% 的显著性水平上显著。卜茂亮等(2011)同样使用 CFPS 数据分析了互联网使用的收入回报,他们的结论是农村地区互联网使用的收入回报要高于城镇地区。理由是农村地区的科技发展水平较低,信息技术尤其是互联网的发展落后于城镇地区,一项新技术的采用,对农村地区的生产力发展具有极为重大的影响,而城镇地区则由于新技术、新科技发展迅速,互联网的普及率高,互联网的优势相对降低。本书和他们研究的差异可能在于他们的文章中是按照地区来分类,即农村地区和非农地区,而本书的分类是从劳动者的角度,即农村户口和城镇户口。而互联网也是一种技能偏向型技术进步,其与更高水平的人力资本相结合才能发挥更大的作用,农村户籍劳动者的人力资本水平较低,所以其收入回报可能也会低于城镇户籍劳动者。

表 5-8 互联网使用回报的城乡差异

变量	2010 年数据		2014 年数据	
	城镇户籍	农村户籍	城镇户籍	农村户籍
ATT	0.199***	0.206***	0.142	0.095 7
	(0.058 6)	(0.068 4)	(0.087 6)	(0.062 5)
ATU	0.277***	0.171**	0.222***	0.132

表5-8(续)

变量	2010 年数据		2014 年数据	
	城镇户籍	农村户籍	城镇户籍	农村户籍
	(0.052 3)	(0.081 0)	(0.069 5)	(0.095 6)
ATE	0.236***	0.182***	0.172***	0.117*
	(0.041 8)	(0.063 3)	(0.063 8)	(0.063 8)

注：括号中数字为标准差，*、**、*** 分别表示在 0.1、0.05 和 0.01 的显著性水平上显著。限于篇幅，仅报告了近邻匹配的回归结果，其他匹配方式的回归结果与此基本一致。

第二，无论是城镇还是农村，其互联网使用的收入回报均呈下降趋势。城镇户籍人群的收入回报从 23.6% 下降到 17.2%，而农村户籍人群则从 18.2% 下降到 11.7%。卜茂亮等（2011）使用的是 CFPS2008 年的数据，如果互联网使用的收入回报率一直呈下降趋势，他们得出的回报率自然要高于本书。但是可以发现，互联网使用的收入回报下降的幅度是趋于缓和的。

进一步地，本书将城乡户籍劳动者的工资收入进行了分解，结果见表5-9。在 2010 年，城镇户籍劳动者的工资收入对数与农村户籍劳动者工资收入对数的差异为 0.306，即城镇户籍劳动者的工资收入是农村户籍的 1.36 倍。根据分解结果可知，这些工资收入差异能够被劳动者个人特质以及行业特征所解释的比例为 69.93%，不能解释的部分则占 30.07%。其中，城镇户籍劳动者由于互联网使用方面的优势，相对于农村劳动者，提高了 5.88% 的工资收入，解释了 19.22% 的城乡工资收入差距。在 2014 年，城镇户籍劳动者的工资收入对数与农村户籍劳动者工资收入对数的差异为 0.299，即城镇户籍劳动者的工资收入是农村户籍劳动者的 1.35 倍，相较于 2010 年，存在一定程度上的下降。与此同时，互联网使用对城乡工资收入差距的解释力度也存在一定程度的下降，2014 年，互联网使用解释了 15.08% 的城乡工资收入差距。这可能是由于，2014 年城乡互联网普及率相较于 2010 年的差距有了一定程度上的缩小。

表 5-9　城乡工资收入差距分解

	2010 年数据		2014 年数据	
	工资收入对数	占总差异比重	工资收入对数	占总差异比重
overall				
group_1	10.01***		10.13***	
	(790.34)		(586.10)	
group_2	9.708***		9.833***	
	(752.74)		(555.13)	
difference	0.306***	100%	0.299***	100%
	(16.90)		(12.09)	
explained	0.214***	69.93%	0.179***	59.84%
	(14.89)		(9.28)	
unexplained	0.091 4***	30.07%	0.120***	40.16%
	(4.58)		(4.29)	
internet	0.058 8***	19.22%	0.045 1***	15.08%
	(10.15)		(6.15)	
character	0.179***	58.50%	0.170***	56.86%
	(12.69)		(9.54)	
industry	−0.014 6*	−4.77%	−0.027 8**	−9.30%
	(−2.33)		(−3.26)	
province	−0.008 67*	−2.83%	−0.008 02	−2.68%
	(−2.02)		(−1.26)	
N	6 969		5 047	

注：分解方法采用 Blinder-Oaxaca 分解，*、** 和 *** 分别表示在 5%、1% 和 0.1% 的显著性水平上显著。group_1 表示城镇户籍劳动者，group_2 表示农村户籍劳动者；character 表示个人特征以及家庭特征，包括性别、年龄、受教育程度、健康水平、民族以及父母受教育程度；industry 表示工作所在行业的虚拟变量；province 表示地区的虚拟变量。

表 5-10 描述了互联网使用回报的性别差异。在 2010 年，ATT、ATU 和 ATE 的结果均表明女性的互联网使用收入回报远高于男性，前者为 27%～28.3%，后者为 19.2%～20.2%。但是此后女性回报迅速下降，至 2014 年，ATE 显示，女性收入回报仅为 15.6%，与男性的 15.8% 基本持平。因为劳动者个人在几年内并不可能发生显著变化，女性使用互联网的收入回报下降只能归结于市场等宏观层面的原因。例如，在互联网发展初期，在线客服等行业的快速发展增加了社会对女性劳动者的需求，从而提高女性的收入回报，但是，随着互联网与传统行业的深度融合，社会对男性劳动者的需求也持续增加，女性的相对优势不再，这就导致女性互联网使用的收入回报与男性互联网使用的收入回报逐渐趋同。

表 5-10　互联网使用回报的性别差异

变量	2010 年数据		2014 年数据	
	男性	女性	男性	女性
ATT	0.212***	0.270***	0.090 5*	0.231***
	(0.054 2)	(0.062 9)	(0.050 4)	(0.082 3)
ATU	0.192**	0.283***	0.225***	0.064 8
	(0.077 1)	(0.067 5)	(0.077 5)	(0.087 0)
ATE	0.200***	0.278***	0.158***	0.156**
	(0.054 0)	(0.051 9)	(0.049 0)	(0.063 9)

注：限于篇幅，仅报告了近邻匹配的回归结果，其他匹配方式的回归结果与此基本一致。

表 5-11 是男女工资收入差距的分解结果。在 2010 年，男性劳动者工资收入是女性劳动者的 1.34 倍，其中，能够解释的部分占比为 −6.61%，而不能解释的部分占比 106.85%，这说明女性在劳动力市场上面临较为严重的性别歧视。具体而言，互联网的使用能够降低 3.73% 的收入差距，其他可解释的特征变量能够降低 9.83% 的收入差距。这说明女性在个人特征方面更具有优势，有助于降低收入差距，

这与宁光杰（2011）的研究结论相一致。在 2014 年，男性劳动者的工资收入是女性劳动者的 1.48 倍，性别收入差距呈扩大趋势。其中，互联网的使用能够缩小性别收入差距，缩小的部分占总差距的 2.89%。综合两年的数据分析可知，互联网的使用能够降低性别收入差距，但是影响较小，仅能解释 3% 左右的性别收入差距。这可能是由于男女劳动者在互联网普及率方面并没有显著差异。同时，虽然女性互联网普及率略低于男性，但是由于其工资收入回报率较高，所以互联网的使用能够在一定程度上降低性别收入差距。

表 5-11　男女工资收入差距分解

	2010 年数据		2014 年数据	
	工资收入对数	占总差异比重	工资收入对数	占总差异比重
overall				
group_1	9.683 ***		9.750 ***	
	(674.66)		(478.43)	
group_2	9.975 ***		10.14 ***	
	(854.30)		(670.38)	
difference	−0.292 ***	100%	−0.394 ***	100%
	(−15.80)		(−15.53)	
explained	0.019 3	−6.61%	0.033 6 *	−8.53%
	(1.71)		(2.36)	
unexplained	−0.312 ***	106.85%	−0.428 ***	108.63%
	(−17.15)		(−17.26)	
internet	0.010 9 ***	−3.73%	0.011 4 ***	−2.89%
	(3.35)		(3.52)	
character	0.028 7 ***	−9.83%	0.034 7 ***	−8.81%
	(4.02)		(3.65)	
industry	−0.027 8 ***	9.52%	−0.024 0 **	6.09%

表5-11（续）

	2010 年数据		2014 年数据	
	工资收入对数	占总差异比重	工资收入对数	占总差异比重
	(−4.26)		(−2.72)	
province	0.007 46	−2.55%	0.011 4*	−2.89%
	(1.86)		(2.39)	
N	6 969		5 044	

注：分解方法采用 Blinder-Oaxaca 分解，*、** 和 *** 分别表示在 5%、1% 和 0.1% 的显著性水平上显著。group_1 表示女性劳动者，group_2 表示男性劳动者；character 表示个人特征以及家庭特征，包括户籍、年龄、受教育程度、健康水平、民族以及父母受教育程度；industry 表示工作所在行业的虚拟变量；province 表示地区的虚拟变量。

四、互联网使用收入回报的内在机制

上述的分析中均涉及互联网使用回报的人力资本水平差异，城乡之间、男女之间的人力资本水平差异都导致了互联网使用回报的不同。那么，互联网的使用回报是否与人力资本水平有关，表5-12 以受教育程度作为人力资本水平的衡量对该问题进行了验证。

表 5-12 互联网使用回报的教育差异

变量	2010 年数据			2014 年数据		
	(1)	(2)	(3)	(4)	(5)	(6)
internet	0.297***	0.113	0.286***	0.170***	−0.161**	0.086 0
	(0.029 2)	(0.080 4)	(0.074 3)	(0.032 1)	(0.081 3)	(0.072 2)
internet * education		0.016 5**			0.031 4***	
		(0.006 70)			(0.007 09)	
internet * middle			−0.019 7			0.024 3
			(0.079 8)			(0.077 0)
internet * high			0.014 6			0.094 0
			(0.080 9)			(0.080 1)
internet * college			0.289***			0.246***

表5-12(续)

变量	2010 年数据			2014 年数据		
	(1)	(2)	(3)	(4)	(5)	(6)
			(0.081 6)			(0.086 2)
其他控制变量	Yes	Yes	Yes	Yes	Yes	Yes
观测值	11 635	11 635	11 635	3 587	3 587	3 587
R-squared	0.451	0.451	0.445	0.273	0.276	0.272

注：为了节省篇幅，其他控制变量的回归结果并未报告。

表 5-12 分别估计了 2010 年与 2014 年不同受教育程度对互联网使用收入回报的影响。其中，第（1）列和第（4）列没有加入教育相关变量的交乘项，而第（2）列和第（5）列则加入了互联网使用与受教育年限①的交乘项，记为 internet * education，第（3）列和第（6）列则加入了互联网使用与初中学历、高中学历和大专及以上学历的交乘项，分别记为 internet * middle、internet * high 与 internet * college。internet * education 的系数在 2010 年与 2014 年的结果中均显著，说明互联网的回报确实受到受教育程度的影响，具体而言，每多接受一年教育互联网使用的收入回报分别提高 1.65% 与 3.14%。交乘项的显著说明了互联网的收入回报受到人力资本水平的影响，而且人力资本水平是主要影响因素。首先，互联网最强大的功能在于使得信息的交流变得迅捷而且方便，互联网时代呈现在我们面前的信息量呈爆炸式的指数性增长，信息量的增加虽然为我们的行为决策提供了更多的依据，但是其中也夹杂着无效甚至错误的信息，会误导我们的决策。如何在纷繁复杂的信息中鉴别信息的真伪以及最大化地利用有用的信息为自身服务，则需要依靠个人的知识储备以及人力资本水平。人力资本水平较低的劳动者，难以分辨信息的真伪以及优劣，无效的乃至错误的信息将误导他们的个人选择。相反，人力资本水平较高的劳动

---

① 教育年限具体设定如下：幼儿园设定为 0，小学学历设定为 6，初中学历设定为 9，高中学历设定为 12，大专学历设定为 15，本科学历设定为 16，硕士研究生学历设定为 19，博士研究生学历设定为 22。

者，辨别信息的成本较低，能够以较低的成本通过互联网获得自己需要的精确信息，并依据其做出为自身服务的行为决策。其次，互联网的发展也推动了通信技术的发展，在生活中，QQ 以及微信等通信软件成为日常交流的重要途径，在工作中，网络视频会议也逐渐成为常态。而网络通信的发展并不是对传统面对面交流的替代，而是一种有效的补充。一些无关宏旨的问题通过网络通信能够得到迅速处理，没必要花费大量时间进行面对面的交流，节约了时间，提高了效率。网络通信是维护人际关系的重要途径。相比较而言，高学历、高人力资本水平的劳动者接触的群体经济地位较高，日常的人脉维护将为其带来更丰富的社会资本，此时的网络通信将发挥更大的作用。而学历较低的劳动者，互联网的通信作用可能相对而言重要性降低。

第（3）列和第（6）列的结果表明，仅有大专及以上学历与互联网使用的交叉项是显著的，这说明互联网的收入回报只有通过高学历、高人力资本才能发挥更大的作用。这与上述的分析结论是一致的。在 2010 年的回归结果中，仅有大专及以上学历的交乘项是显著的，其收入回报为 28.9%，在 2014 年的回归结果中，大专及以上学历的交乘项依然显著，但是收入回报有所降低，为 24.6%。这是由于 2014 年相对于 2010 年互联网更为普及，更多普通人获得接触互联网的机会，此时高学历的劳动者虽然能够继续获得互联网使用带来的红利，但是该红利已经有所下降。

互联网的使用方式、作用多种多样，人们既可以通过互联网进行看网络电影、打网络游戏等娱乐活动，也可以通过听网课、搜集就业信息等活动以增加人力资本，同样还可以通过网络聊天工具扩展、维护人际关系，扩展社会网络。不同学历和人力资本水平的劳动者可能使用互联网的方式、目的也存在差异，图 5-6 则呈现出了这种差异。对于高中及以下学历的劳动者而言，使用互联网进行社交以及娱乐的比重最大，而用于工作的比重最小。相比较而言，大专及以上学历使用互联网的方式则较为均衡，使用互联网进行学习以及工作的比例在所有学历中占比最高，其中工作占比更为显著。而且在所有学历中，大专及以上学历劳动者使用互联网进行娱乐的占比最低。

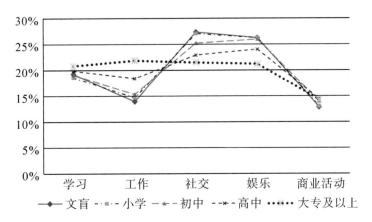

图 5-6　不同学历劳动者互联网使用目的差异

此外，图 5-6 还反映了两个方面的问题。一方面，将互联网用于学习的比例在各个学历中的差异并不显著。低学历劳动者使用互联网进行学习，说明他们对教育仍有较高需求，对人力资本水平的提高较为看重。互联网的兴起，使得网上学习成为一种重要的获取知识的途径，也成为高等教育的一个重要替代品，在高等教育资源仍然较为稀缺的前提下，网络教育以其低成本、高便捷性吸引了众多劳动者。如果网络教育是高等教育的重要补充，那么应该有更多的没有接受高等教育的劳动者进行选择，但事实是，并没有发现高中及以下学历的劳动者使用互联网进行学习的比例高于大专及以上劳动者的情况。这可能是由于低学历劳动者的互联网接入存在困难，拥有互联网的比例较低。此外，与网络聊天不同，接受网络教育仍然存在一定的门槛，对互联网知识以及相关知识存量具有一定的要求，而这些要求对没有接受过正规互联网培训的劳动者而言可能较高。当然，高学历劳动者可能通过网络教育学习更为细致以及专业的知识，这也是其使用互联网进行学习的比例较高的原因。另一方面，使用互联网进行商业活动在各个学历群体中占比均为最低。这从侧面反映出，我国互联网的发展，尤其是互联网相关产业仍有较大潜力。这与我国目前互联网产业仍在起步发展阶段有关，同时也与我国互联网普及率较低不无关系。任何产业，尤其是互联网产业，如果没有坚实的民众基础，就无法发挥其规模经济的效应。因此,大力推进互联网的普及,并制定相关互联网产业发展的优惠政策,才是推动我国互联网产业发展的必经之路。

表 5-13 显示的是在 2014 年,不同互联网使用频率以及使用方式的收入回报。首先,根据第(1)列和第(2)列的回归结果可知,每周上网时间每增加 1 小时,收入回报便提高 3%,当控制住不可观测的个人异质性后,仍有 2.28% 的收入回报。其次,根据第(3)列和第(4)列的回归结果可知,仅有将互联网用在工作以及社交的用途时,收入回报才是正向的且显著的,而用于娱乐的系数是负向的,但是并不显著,商业活动虽然是正向的,但是也不显著,令人感到意外的是,用于学习的系数也是负向的,虽然并不显著。这与上文分析的相一致,互联网的使用主要是通过提高生产力和劳动效率(工作)以及扩展人脉和社会资本(社交)来实现的。而且提高劳动效率的作用可能要比增强社会资本的作用要大,工作每提高一个频率,回报增加 5.8%,而社交每增加一个频率,回报增加 4.06%。

表 5-13 互联网不同使用方式的收入回报

变量	(1) lnsalary14	(2) lnsalary14	(3) lnsalary14	(4) lnsalary14
每周上网时间/小时	0.030 0**	0.022 8*		
	(0.012 8)	(0.012 3)		
学习			−0.014 7	−0.006 13
			(0.018 8)	(0.018 3)
工作			0.079 1***	0.058 0***
			(0.018 5)	(0.017 9)
社交			0.041 6**	0.040 6**
			(0.019 0)	(0.018 3)
娱乐			−0.026 5	−0.025 4

表5-13（续）

变量	（1）	（2）	（3）	（4）
	lnsalary14	lnsalary14	lnsalary14	lnsalary14
			（0.018 9）	（0.018 3）
商业活动			0.023 5	0.012 1
			（0.026 9）	（0.025 9）
其他控制变量	Yes	Yes	Yes	Yes
2010 年收入	No	Yes	No	Yes
观测值	3 579	3 438	3 579	3 438
R-squared	0.273	0.312	0.285	0.320

注："学习""工作""社交""娱乐"以及"商业活动"分别表示使用互联网进行该活动的频率，取值范围为 0 到 4，0 表示不使用互联网，1 表示从不，2 表示几月一次到一月2~3 次，3 表示一周 1~4 次，4 表示几乎每天。

本书借鉴 DiMaggio 和 Bonikowski（2008）的方法，从另一个角度研究互联网的使用与收入回报的关系。本书根据每年使用互联网情况定义四类样本：持续使用者、仅 2010 年使用者、仅 2014 年使用者和从不使用者，具体四类样本的分布见表5-14。在 2010 年与 2014 年里，从不使用互联网的样本占 51.9%，其他三类样本总占比为 48.1%，这可以粗略地看作工资获得者的互联网普及率。仅 2014 年使用者占比为 15.6%，这说明 4 年间，在工资获得者群体中，互联网普及率提高了 15.6%。仅 2010 年使用者占比最小，为 4.1%。持续使用者占比为 28.4%。

表 5-14　2010 年与 2014 年互联网使用分布

2014 年互联网使用情况

		不使用	使用
2010 年互联网使用情况	不使用	从不使用者（51.9%）	仅 2014 年使用者（15.6%）
	使用	仅 2010 年使用者（4.1%）	持续使用者（28.4%）

本章的理论部分阐述了互联网使用影响工资收入的机制，即提高劳动生产率、扩展人力资本以及信号理论等多个机制。针对上面的机

制，本节提出如下研究假设：

（1）互联网的持续使用者的收入高于从不使用者。该假说验证互联网的使用总体上对于劳动者的收入回报，并不区分影响机制是属于提高劳动生产率、扩展人力资本抑或是传递信号。

（2）互联网的仅 2014 年使用者收入高于从不使用者，但是低于互联网的持续使用者。由于并非所有的机制都具有相同的影响，本书预测在两年都持续使用互联网的劳动者收入要高于仅 2014 年使用的劳动者，因为随着互联网的持续使用，人力资本的积累将更有效率。

（3）互联网的仅 2010 年使用者收入高于从不使用者，但是低于互联网的持续使用者。由于提高生产率与扩展人力资本都需要结合互联网的使用，如果 2014 年不使用互联网，在一定程度上切断了这两种渠道影响收入的途径，能够验证信号传递理论。

表 5-15 则展示了相关的回归结果。首先，假设一得到验证，回归结果的第一行表明，在控制了样本选择问题后，互联网的持续使用者能够提高 19.9% 的收入，这与上文的一系列结果是一致的。假设二也得到了验证，仅 2014 年使用者的收入得到提高，但是收入的提高小于持续使用者[①]。这说明，互联网使用对收入不仅具有直接的影响，而且能够通过影响长期的人力资本积累以对收入产生持续的影响。假设三并没有得到支持。虽然仅 2010 年使用者收入回报仍然是正向的，但是统计上并不显著，这与 DiMaggio 和 Bonikowski（2008）的研究结论并不一致，说明使用互联网影响收入的信号传递理论在我国并不适用。出现这种差异的原因可能在于他们使用的是 2001 年的数据，2001 年仍处于互联网发展的初期，那时候使用互联网的人群仍被当作创新者或者早期采用者，这些人往往勇于创新、受人尊敬，是公众的意见领袖，那时候使用互联网便能传递出有用的信号，表明个人的能力以及社会地位。而我们使用的是 2014 年的数据，互联网已经得到了长足的发展，此时使用互联网的人往往是后期采用人群甚至是迟缓者，此时使用互联网所发出的信号并不能使人们辨别该劳动者具体属

---

① Wald 检验证明了两个系数存在差异的假设。

于哪类人群，所以信号理论失效。

表 5-15   不同互联网使用阶段的收入回报

变量	观测值	模型 1	模型 2	模型 3
持续使用者	2 853	0. 281***	0. 203***	0. 199**
		(0. 050 9)	(0. 049 5)	(0. 971)
仅 2014 年使用	2 329	0. 146***	0. 108**	0. 106*
		(0. 048 7)	(0. 047 8)	(0. 057 6)
仅 2010 年使用	1 921	0. 077 7	0. 008 05	0. 128
		(0. 081 4)	(0. 078 8)	(0. 093 7)
其他控制变量		Yes	Yes	Yes
2010 年收入		No	Yes	No

注：模型 1 和模型 2 为 OLS 模型，模型 2 控制了 2010 年的收入，模型 3 为 PSM 模型，匹配方法为近邻匹配，仅报告了 ATT。

综上所述，互联网的使用主要通过提高劳动生产率以及人力资本水平这两种途径实现对收入的影响。

五、稳健性检验

上述的分析只研究了就业类型为工资获得者的群体，即互联网使用对工资收入的影响。本小节则将工资性收入替换为家庭人均经营性收入，作为互联网使用影响收入回报的稳健性检验，相应的回归结果见表 5-16。

由结果可知，互联网的使用不仅能够提高工资收入，而且对经营性收入也具有正向的影响。具体而言，互联网使用能够在 2010 年得到 18. 6%（ATT）的收入回报，而到了 2014 年，这种正向的收入回报提高到 28. 3%（ATT）。

表 5-16　互联网使用对经营性收入的影响

	观测值	ATT	ATU	ATE
2010 年数据	3 490	0.186 **	0.033 1	0.077 8
		(0.085 2)	(0.116)	(0.091 4)
2014 年数据	2 930	0.283 **	0.413 **	0.357 ***
		(0.135)	(0.161)	(0.120)

注：被解释变量为家庭人均经营性收入对数，回归结果仅报告了互联网使用的系数，其他控制变量并未列出。模型使用的是 PSM，匹配方式仅报告了近邻匹配，括号中的标准差由自助法 bootstrap300 次获得。

与上文对比，可以发现互联网的经营性收入回报与工资收入回报呈现不同的变动趋势。互联网的工资收入回报随时间呈下降趋势，但是互联网对经营性收入的影响却随时间而呈现出上升趋势。互联网的使用对工资性收入和经营性收入的影响呈现相反的趋势，本书认为主要有以下两点原因：

第一，互联网通过影响劳动者的社会资本或社会网络进而影响收入，但是，社会资本对工资性收入和经营性收入的影响可能存在差异。劳动者的社会资本可以使劳动者具有更广泛的求职渠道和求职信息，从而促使其更迅速地找到与自身能力更匹配的工作。但是，互联网带来的社会资本对工资性收入的影响可能仅仅局限于此。互联网对工资获得者收入的影响可能更多的是通过影响其人力资本水平等渠道而产生作用。相比较而言，互联网所提供的社会资本以及信息能够为创业者带来更多的创业相关信息、客户以及商品销售渠道等。社会资本所带来的这些优势均可能转化为经营性收入，从而增加经营性收入。这是互联网对经营性收入影响大于工资性收入的重要原因之一。

第二，我国电子商务市场在 2009 年的发展并不完善，网购人数等较少，影响了电子商务相关创业的收入。而到了 2016 年，电子商务发展迅猛，网购成为许多消费者生活中不可或缺的一部分。此外，电子商务相关服务商以及相关配套产业，如快递行业的迅速发展，也降低了电子商务创业的相关成本，促进了利润的提高。下图显示的是我国 2009—2016 年电子商务交易金额情况，我国电子商务交易规模可谓增长迅速，从 2009 年的 3.7 亿元，迅速增加到 2016 年的 22.97 亿元。由于本书使用的是 2010 年度和 2014 年度的调查数据，其更多反映的是 2009 年和 2013 年的情况。具体而言，在 2009 年，我国电子商务交易金额为 3.7 亿元，而 2013 年则达到了 10.2 亿元，增长不可谓不迅速。这反映了我国电子商务发展势头的迅猛，也从侧面反映出电子商务市场的发展日趋完善。

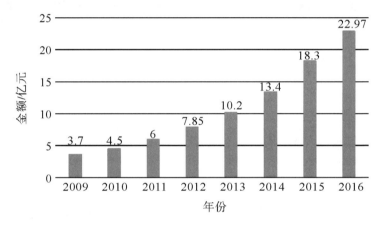

图 5-7　2009—2016 年我国电子商务交易金额

第四节　本章小结

本章通过构建理论模型以及实证分析，研究了互联网使用的收入回报以及其内在的影响机制。本章利用中国家庭追踪调查（China Family Panel Studies，CFPS）2010 年度和 2014 年度的调查数据，分析了互联网使用的收入回报大小，以及其随时间的变化趋势，并运用倾向得分匹配模型（PSM）解决了可能存在的内生性问题。此外，本章还分析了互联网使用收入回报的城乡差异以及性别差异。最后，本章对互联网使用影响收入的内在机制进行了分析。

本章得到如下的研究结论：①互联网使用显著提高了我国劳动者的收入，互联网使用者相较于不使用者而言，收入提高 20% 左右，这一效应大于国外学者运用发达国家数据估计的结果，但与拉美等发展中国家的估计结果接近。与此同时，这种正向的收入回报存在下降的趋势，2010 年互联网使用收入回报在 20%左右，而到了 2014 年，收入回报下降到 16%左右。②互联网使用的收入回报具有城乡差异，城镇户籍劳动者的收入回报率要高于农村户籍劳动者。这与我国城乡之间所存在的"数字鸿沟"有关，相对于城镇地区，农村地区劳动者的人力资本水平相对较低，导致互联网对收入提高的作用难以得到最大限度的发挥。③互联网使用的收入回报随时间变化的趋势呈现性别差异，男性的收入回报降低得较为缓慢，但是女性的收入回报降低得较为迅速。④不同互联网使用方式对收入的影响不同，互联网用于工作、社交能够提高劳动收入，但用于学习、娱乐以及商业活动则对劳动收入的影响并不显著。⑤通过另一种估计方式，证明互联网使用影响收入主要是通过提高劳动者的劳动生产率以及人力资本水平这两种途径，互联网使用的信号传递理论目前在我国并不适用。

第六章 互联网使用与人力资本

　　在第四章和第五章，本书分别讨论了劳动者使用互联网对其劳动参与以及工资水平的影响。互联网对劳动者的影响渠道是多方面的，从宏观角度而言，互联网的飞速发展促进了经济的增长，带来了劳动需求的增加，失业率下降，劳动者就业相对而言更容易；"互联网+"的发展在创造了新的就业岗位的同时，也难以避免地对传统行业造成了冲击，引起了部分的失业；网络求职与网络招聘的发展使得劳动供需匹配的效率大大提高，劳动者能够在更大范围内、以更快的速度找到合意岗位的可能性得以增加；从劳动者个人角度而言，其能够使用互联网进行网络学习与培训，提高人力资本水平，也能通过互联网的即时通信功能开展社交活动，来扩展人脉，扩大就业渠道，增加就业机会。

　　上述两章通过实证方法分析讨论了劳动者互联网使用对其劳动力市场表现的影响，增加可支配时间、提高社会资本以及人力资本水平是其内在的影响机制。但是，由于篇幅原因前两章对内在机制，尤其是人力资本的影响机制并没有进行深入的讨论。事实上，人力资本是影响劳动者劳动力市场表现的决定性因素，而且由于人力资本的内涵丰富，其对劳动者劳动力市场表现的影响也是十分复杂的。人力资本不仅包括传统的教育水平、技能水平、健康状况等，新人力资本理论认为，沟通技巧等非认知能力也是人力资本的重要组成部分，而且对劳动者劳动力市场表现的影响可能更为显著。

　　互联网不仅能够影响劳动者的教育水平、健康水平等，也会对其非认知能力产生影响。互联网对劳动者的人力资本水平产生影响，一方面是互联网自身特点对劳动者人力资本产生的作用，另一方面则是劳动者自身根据日益发展的互联网所做出的最优化决策。

第一节　互联网对人力资本影响的机制

一、互联网对教育水平的影响

互联网的发展在不同情况下对过度教育的影响是不同的。一方面，如果社会整体的教育水平低于社会发展所需要的教育水平，则整个社会出现"教育不足"的问题。在教育不足的大背景下，出现过度教育则可能是劳动力市场不完善、信息不对称所造成的。互联网的发展能够促进信息的交流，提高供需匹配效率，从而降低过度教育的发生率。另一方面，如果社会整体的教育水平高于社会发展所需要的教育水平，则整个社会出现了过度教育问题。此时，互联网带来的匹配效率的提高可能导致更加激烈的竞争，为了能够在竞争中脱颖而出，劳动者可能通过继续教育获得更高的人力资本（人力资本理论）或者传递更有效的信号（信号理论），进而加剧过度教育问题。

当然，在整个社会教育不足时，互联网的匹配效率提高在短时间内能够降低过度教育的发生率，但是随着竞争的不断加剧，劳动者也会通过接受教育以应对竞争，从而可能导致过度教育的发生。但是这种影响是长期的，即当社会整体的教育水平逐渐提高，开始超过社会发展所需要的教育水平时，这种情况才能够发生。在短期内，在整个社会教育不足的大前提下，互联网对过度教育的影响仍然是负向的。

二、互联网对健康水平的影响

互联网的使用对劳动者教育水平的影响机制是较为明确的，但是其对人力资本的另一个重要方面——健康水平的影响则并不是显而易见的。那互联网的使用能够通过哪些方面影响劳动者的健康状况呢？以下可能是互联网对健康产生影响的几个机制。

第一，互联网的使用能够提高劳动者的社会资本，而社会资本则会对健康产生影响，即互联网通过改变劳动者的社会资本而对健康产生影响。互联网作为便捷高效的通信方式，极大地改变了人们交流通信的方式，使得人与人之间的交流更为便捷、更为有效率。人们通过使用互联网，加强了社会交往，从而扩展了社会网络，积累了社会资本。与此同时，我国目前的社会保障等相关资源仍然具有一定的稀缺性，例如"看病难"等问题依然突出。借助丰富的社会网络，人们能够更迅速地获得相关的社会保障服务，从而提高健康水平。另外，以互联网为基础的各种通信工具，能够加强异地亲朋好友之间的联系。例如，目前我国流动人口规模超过2亿人，由于制度因素或者个人能力因素，流动人口往往以个人外出为主，举家迁移的比例较少，这就造成大量留守儿童和留守老人的出现。长时间的分隔，不仅造成留守老人和留守儿童的身体健康状况较差，而且心理层面的健康状况也存在隐患。互联网的出现在一定程度上促进了异地亲属之间的交流，从而避免因孤独、缺乏交流而造成身体健康状况较差的情况。

第二，互联网通过其信息获取的便捷性使劳动者获得更多健康方面的知识，从而改变不良生活习惯，健康的生活方式提高了劳动者的健康水平。信息的搜寻、获取是互联网的另一大重要功能。使用互联网的劳动者可以通过网络获取自身所需要的知识和信息，包括健康以及养生方面的知识，根据获取的健康知识来改正生活之中的不良习惯，培养良好的生活作息习惯，提高身体健康水平。但是，如果过于沉迷网络，例如长时间使用互联网看电影、电视节目，过度进行网络游戏等，可能会对身体健康产生不良的影响。

第三，互联网作为一种劳动技能，能够带来收入回报，从而缓解劳动者预算约束，促使其对健康进行更多的投资，从而提高健康水平。本书已经通过实证分析证明，互联网的使用不仅能够提高劳动者的劳动参与率、降低失业率，而且有利于提高劳动者的工资水平。就业概率的提高、工资水平的上升都能够缓解劳动者面临的预算约束，从而使劳动者有更多可支配资金进行健康投资。根据 Grossman（1972）的健康需求模型，健康投资与健康水平之间是呈现正相关关系的。综上所述，使用互联网能够提高劳动者收入，进而使劳动者增加对健康的投资，促进健康水平的提高。

三、互联网对非认知能力的影响

从劳动需求角度而言，互联网作为一种技能偏向型技术进步导致就业的极化现象，即促使社会对高技能和低技能的劳动者需求上升，对中等技能劳动者的需求下降。互联网能够代替那些传统的、靠重复的简单操作、简单记忆就可以完成的工作，而难以替代需要团队沟通协作能力、领导力等非认知能力的工作。面对互联网所带来的劳动力市场极化现象，劳动者，尤其是中等技能劳动者该对此做出何种反应。一方面，中等技能劳动者可以通过增加教育水平和技能水平而成为高技能劳动者，从而避免劳动极化现象对他们造成的冲击；另一方面，他们也可以通过培养自身的非认知能力来避免自身被互联网等技术替代。这是由于互联网这种技能偏向型的技术进步目前仅能替代那些重复性、记忆性的简单劳动，而对于需要人类决策能力、沟通能力等"情感"方面的非认知能力的工作则难以替代。

虽然从理论上来讲，面对互联网所导致的劳动极化现象，劳动者最优的行为决策是增加自身的教育水平或者培养非认知能力，但是现实生活中的个体并非都是经济学中的"理性人"，抑或是有限理性，抑或是自我控制能力不足，这些均会导致实际的行为与最优化行为产生分歧，导致在经济学家看来是"错误"的行为。互联网的发展能够扩展个体的社会资本，而社会网络的发达则对劳动者非认知能力具有正向的影响，促进其非认知能力的发展。但是，互联网的便捷性又可能导致面对面交谈机会的减少，人们更多地通过网络进行交流，这种现象可能导致劳动者个体非认知能力的退化，例如日趋严重的"宅男宅女"现象，而这些群体往往存在社交恐惧症等方面的问题。

相关研究指出，认知能力和非认知能力均会对工资水平等劳动力市场表现产生影响，而且二者的影响并非独立的，而是相互作用，存在交互影响。

第二节　相关理论基础

一、过度教育的含义及衡量

教育匹配是教育经济学与劳动经济学都十分关注的问题（Sicherman，1991），指的是劳动者实际受教育程度与职业所需受教育程度之间的匹配关系。按照两种受教育程度匹配关系的不同，可以分为适度教育（required）、过度教育（overeducated）和教育不足（undereducated），前者指的是劳动者受教育程度恰好与职业所需受教育程度相吻合，而后两者分别指的是劳动者实际受教育程度高于和低于职业所需受教育程度。Freeman（1976）最早提出过度教育概念，随后大量关于过度教育的文献相继出现，内容涉及过度教育的发生率、回报率、对过度教育的衡量，以及影响劳动者其他方面诸如工作满意度的问题。

对于过度教育问题，如何衡量过度教育是至关重要的一个方面。Duncan 和 Hoffman（1981）对此问题做出了奠基性的贡献，他们将劳动者个人实际受教育年限与工作所需受教育年限区别开来，根据二者的匹配结果区分了适度教育、过度教育和教育不足。基于此，更多的衡量过度教育的方法被开发并使用，具体而言，主要有以下几种方法：

一是自我评估法（Self-assessment）。自我评估法又被称为自我实现法，主要是通过对劳动者个体的直接询问，将其认为的能够胜任当前工作的受教育程度作为职业要求的受教育程度，然后与劳动者自身实际的受教育程度相比较，如果后者超过了前者，则认为是过度教育。由于自我评估法对职业所需受教育程度的衡量来自劳动者个人的劳动体验，往往能够较为准确地衡量教育需求，在实际应用中也较为广泛，虽然此种方法最早被使用，但时至今日，仍有较多研究使用该方法（Kucel & Vilalta-Bufí，2012）。

二是标准差法（Standard Deviation）。标准差法又称实际匹配法

（Realized Match）或者 VV 法（Verdugo & Verdugo，1989），指的是以某一行业或者职业的平均受教育程度为基准，若劳动者实际受教育程度高于平均受教育程度一个标准差，则认为是过度教育，若低于平均受教育程度一个标准差，则认为是教育不足，在二者之间则认为是适度教育。但是此种方法可能存在一定的内生性问题，会在一定程度上低估过度教育的程度。

三是众数法（Mode Method）。众数法将某一行业或者职业中劳动者占比最多的受教育程度作为行业或者职业需要的受教育程度，若存在两个众数，则取受教育程度较低者，劳动者实际受教育程度高于众数则认为是过度教育，若低于众数则认为是教育不足，否则为适度教育。

四是工作分析法（Job Analysis）。工作分析法指的是由政府专业部门或者相关职业评估专家，根据每个行业或者职业所需教育、技能的特点，评定出该职业所需受教育程度以及所掌握的技能，并形成最终的评价手册，相关手册有美国职业辞典（*Dictionary of Occupational Titles*）和英国标准职业分类系统（*Standard Occupational Classification System*）等。将劳动者实际受教育程度与相关手册中对应行业或职业受教育需求相比较，以衡量过度教育、适度教育与教育不足。

二、社会资本对健康的影响

健康是人力资本的重要组成部分，其影响因素受到经济学家的关注。Grossman（1972）提出了著名的健康生产理论，认为健康是一种投资品，受到诸如遗传因素、生活方式、社会环境以及医疗服务等多个方面的影响。在这些因素中，社会资本对健康的影响越来越受到学者的广泛关注。社会资本这一概念来源于社会学，其指的是"社会组织的某种特征，如信任、规范和网络，它们可以通过促进合作行动而提高社会效益"（Putnam，1993）。国外学者对该主题进行了相关研究，部分研究发现社会资本水平与健康水平呈正相关关系（Kawachi & Kennedy，1997），但是其他研究并没有得出二者存在相关关系的结论

（Kennelly et al.，2003）。我国是一个"关系型社会"（Yang，1994），对社会资本的相关研究也与日俱增。薛新东和刘国恩（2012）的研究发现，社会资本水平对个人健康状况具有显著正向的影响，并且这种影响存在性别差异与城乡差异。周广肃等（2014）同样发现社会资本能够提高健康水平，并且能够缓解收入差距带来的健康状况的恶化。他们还发现，民间借贷、医疗资源的获取以及保健行为是社会资本影响健康水平的内在机制。

三、非认知能力的定义、测度及作用

非认知能力或非认知技能（noncognitive abilities or skills）在社会学界、心理学界以及经济学界并没有一个统一的定义。但是经济学家开展相关研究时，习惯将其定义为除认知能力或技能（cognitive abilities or skills）外，同样对个人获得社会地位、经济成就十分重要的因素或者能力，包括自信、自尊、内外点控制、社交能力以及成就动机等。

非认知能力的定义存在分歧，其内涵也较为丰富，导致其测度难度较大。其主要的测度方法有"大五人格模型"、自尊、内外控制点这三个指标。其中，大五人格模型经过学者的不断丰富，已经形成较为成熟的评价体系，其主要包括思维开通性（openness）、责任感（conscientiousness）、外向性（extraversion）、亲和性或随和性（agree-ableness）以及情绪稳定性（neuroticism）[1]（Costa & McCrae，1992）。由于其在经济学界应用较为广泛，本书也采用这种方式对非认知能力进行刻画。

关于认知能力对劳动者在劳动力市场表现的影响已经有众多学者进行了详尽的分析。而且大量的学术研究表明，认知能力不仅影响劳

---

[1]　思维开通性指的是创造能力和好奇心，与墨守成规、谨小慎微相对。责任感指的是做事效率高且有条理，与随意性和粗心大意相对。外向性指的是活泼、热情、善于社交并且自信，与冷淡或沉默寡言相对。亲和或随和性指的是友善、富有同情心，与冷漠相对。情绪稳定性指自信或具有安全感，与敏感和神经紧张相对。

动者市场表现，而且对其健康行为以及社会行为都具有显著的影响。但是认知能力之间的差异仍然无法完全解释劳动者市场表现的差异，部分学者开始转向研究非认知能力。Heckman 对此进行了开创性的研究，Heckman 和 Rubinstein（2001）以美国 GED① 参与者作为研究样本，分析了非认知能力对劳动者市场表现的影响。研究发现，非认知能力显著影响了劳动者教育行为、劳动力市场表现以及社会行为。并且在后续的研究中发现，在低技能劳动者群体中，非认知能力对工资水平的影响甚至超过了认知能力，极为显著地影响了劳动者的工资水平和职业稳定性。Heckman 等（2006）以 GED 参与者、高中毕业但并未进入大学的高中毕业生以及高中的辍学生为研究对象进行了一系列的研究。研究发现，前两者具有相似的认知能力，而且高于高中辍学的人群，但是前两者的工资水平却和高中辍学者十分接近。他们将这种差异归因于前两者非认知能力较低（GED 参与者的非认知能力水平更低，存在更高比例的吸烟、酗酒以及暴力等行为）。

传统的人力资本理论模型认为个人技能（包括认知能力和非认知能力）在每个时期的投入的作用是相同的，是可以完全替代的。但 Knudsen 等（2006）发现人类与动物类似，其能力的形成与发展存在敏感期与关键期。如果某项技能在某一阶段能够得到更好的培养，则该阶段为敏感期，如果某项技能只有在某一阶段才能得到形成，则该阶段为关键期。与此同时，相较于认知能力，非认知能力的可塑性更高，而且敏感期可能跨越更长的生命周期。因此，认知能力的培养在成年后可能受限，但是非认知能力的培养却并不受限制，甚至可能由于认知能力培养的缺失而使非认知能力的培养更为显著和有效。

---

① General Educational Development，是美国高中辍学的学生自愿参加的一项认知能力测试，该测试将为参与者提供一项资历证明，该证明等同于高中学历。

第三节　实证结果

一、数据来源与变量选取

（一）数据来源

本章的数据同样来源于中国家庭追踪调查（China Family Panel Studies，CFPS）2010年度和2014年度调查数据。CFPS采用科学的抽样方法，覆盖除西藏、青海、新疆、宁夏、内蒙古、海南、香港、澳门和台湾之外的25个省（自治区、直辖市），目标样本规模为16 000户，调查对象包含样本家户中的全部家庭成员。CFPS收集了样本中个人、家庭以及社区三个层次的数据，涵盖了人口统计学特征、家庭收入支出以及社区相关信息，最为重要的是，对于本书关注的核心变量——互联网的使用，其进行了详细的访问，获取了较为翔实的数据。同时，问卷中还涉及被访者沟通能力、价值观等构造非认知能力的相关问题，能够作为本书研究问题优质的数据来源。

（二）变量选取

过度教育的衡量。首先，根据被访者对问卷中的问题"从知识和技能的角度上讲，你认为胜任这份工作实际需要多高的教育程度？"的回答，设立 educ_require 变量[1]。然后，由劳动者实际受教育程度减去 educ_require，得到 educ_diff 变量，表示劳动者实际受教育程度与工作需要的受教育程度之间的差异。最后，生成过度教育的虚拟变量 overedu，即 educ_diff 大于0时取1，小于等于0时取0。

教育期望的衡量。教育期望变量 aspire 根据问卷中问题"您认为自己最少应该念完哪种教育程度？"[2]来构建，其数值设定同 educ_re-

---

[1]　其中，不必念书设定为0，小学设定为6，初中设定为9，高中/中专/技校/职高设定为12，大专设定为15，本科设定为16，硕士设定为19，博士设定为22。

[2]　该问题仅对40岁以下受访者提问。

quire，取值范围为 0~22。

健康状况的衡量。本章的健康状况变量为自评健康状况 health，由问题"你认为自己身体的健康状况如何？"来构建，回答不健康、一般、比较健康、很健康以及非常健康分别赋值 1~5。

认知能力。本书的认知能力变量的构建来源于问卷中的字词测试和数学测试，字词测试得分 wordtest 取值范围为 0~34。数学测试得分 mathtest 取值范围为 0~24。

非认知能力。根据大五人格理论以及数据可得性，本书共使用四个指标以刻画非认知能力，即 neuroticism、agreeableness、conscientiousness 以及 noncognitive。其中，neuroticism 表示情绪稳定性，该变量涉及三个问题，即"感到坐卧不安、难以保持平静的频率""您认为生活没有意义的频率"以及"您对自己生活的满意程度"[1]。agreeableness 表示宜人性，共涉及两个问题，即"您对陌生人的信任程度如何"以及"您认为自己的人缘关系有多好"[2]。Conscientiousness 表示尽责性，同样涉及两个问题，即"您在多大程度上认为'人应做一些光宗耀祖的事情'"以及"不能集中精力的频率"[3]。最后，将 neuroticism、agreeableness、conscientiousness 得分加总并除以 3，得到非认知能力的总体评价 noncognitive，其取值范围为 0~5，得分越高，表示非认知能力越高[4]。

本章关于人力资本方面的被解释变量的描述性统计见表 6-1。由表中的描述性统计结果可知，我国劳动力市场总体上出现了过度教育问题，平均过度教育年限为 0.359 年。但是由于过度教育自我评价法

---

[1] 这三个问题的选项分别为"1. 几乎每天，2. 经常，3. 一半时间，4. 有些时候，5. 从不"，根据选项分别依次赋值为 1~5，分值越高表示情绪稳定性的非认知能力越高。三个问题得分加总并除以 3 得到 neuroticism。

[2] 这两个问题的选项为 0~10，0 表示非常不信任/最低，10 表示非常信任/最高。将二者得分加总除以 4 得到 agreeableness 的值。

[3] 这两个问题的选项分为 1~5，1 表示非常不同意/几乎每天，5 表示非常同意/从不。将二者得分加总除以 2 得到 Conscientiousness 的值。

[4] 由于问卷中缺少关于外倾性和思维开通性等方面的问题，所以并未涉及。但是，其他三个维度已经包括了非认知能力的多个方面，能够对非认知能力进行一个良好的刻画。

往往倾向于高估过度教育水平，并不能完全得出我国劳动力市场出现过度教育现象的结论。过度教育的发生率为 30.7%，即超过 30%的劳动者自我认为工作需要的教育水平低于自身实际的教育水平。平均而言，教育期望为 13 年，即劳动者至少希望自身完成高中学业。

表 6-1　主要被解释变量描述性统计

变量	含义	样本量	均值	标准差	最小值	最大值
教育相关变量						
eduy_diff	实际受教育水平与工作所需受教育水平之差	7 361	0.359	4.010	−15	16
overedu	过度教育 = 1，否则 = 0	7 361	0.307	0.461	0	1
aspire	教育期望	11 267	13.08	3.467	0	22
健康相关变量						
health1	不健康 = 1，否则 = 0	36 847	0.156	0.363	0	1
health2	一般 = 1，否则 = 0	36 847	0.145	0.352	0	1
health3	比较健康 = 1，否则 = 0	36 847	0.340	0.474	0	1
health4	很健康 = 1，否则 = 0	36 847	0.212	0.409	0	1
health5	非常健康 = 1，否则 = 0	36 847	0.148	0.355	0	1
认知能力相关变量						
wordtest14	字词测试得分	31 458	17.25	11.05	0	34
mathtest14	数学测试得分	31 455	10.15	6.593	0	24
非认知能力相关变量						
noncognitive	非认知能力	20 020	3.682	0.457	1.306	5
neuroticism	情绪稳定性	31 345	4.308	0.630	1	5
agreeableness	宜人性	20 155	2.575	0.675	0.500	5
conscientiousness	尽责性	31 171	4.170	0.733	1	5

　　健康相关变量显示，身体比较健康的个体占比最高，达到 34%；表示不健康的比例仅为 15.6%；而表示一般的比例最低，为 14.5%；

很健康和非常健康的比例分别为 21.2% 和 14.8%。

在认知能力方面，字词测试得分平均为 17 分（总分 34 分），而数学测试平均分为 10 分（总分 24 分）。如果换算为百分制，则字词测试得分平均为 50 分，数学测试平均分为 41 分。

在非认知能力方面。表示总体非认知能力的变量 noncognitive 的均值为 3.682，具体的三个分指标，情绪稳定性、宜人性和尽责性的均值分别为 4.308、2.575 和 4.170，得分最低的是宜人性。情绪稳定性以及尽责性更多的是在刻画个人内在的特征，而宜人性更多的是在刻画社会交际等方面的外向特征。宜人性得分较低可能说明在我们这个"关系型社会"中，人们特别看重个人沟通、社交以及团队协作等方面的能力，从而倾向于对自己这方面的能力评价较低。

二、互联网使用对人力资本的影响

（一）互联网使用对过度教育的影响

为了分析互联网使用对过度教育的影响，本书估计以下方程：

$$overeducation_i = \alpha + \beta \, internet_i + \gamma \, X_i + industry + \sigma + \mu_i \quad (6\text{-}1)$$

其中，$overeducation_i$ 表示衡量过度教育的变量，包括 educ_diff 以及 overedu。$internet_i$ 表示是否使用互联网的虚拟变量。X_i 为人口统计学特征变量以及家庭特征变量等。industry 和 σ 分别表示行业和省份的固定效应。

表 6-2 给出的是劳动者使用互联网对其过度教育发生率的影响。第（1）（2）列结果显示，使用互联网能够使过度教育年限减少 1.48 年，在控制行业特征后，该效应下降为 1.35 年。第（3）（4）列结果显示，使用互联网能够降低 13.2% 的过度教育发生率，在控制行业特征后，该效应下降为 12.2%。

表 6-2　互联网使用与过度教育发生率（基准模型）

变量	（1）eduy_diff	（2）eduy_diff	（3）Overedu	（4）Overedu
internet14	−1.481***	−1.352***	−0.132***	−0.122***
	（0.133）	（0.131）	（0.015 5）	（0.015 3）
male	−0.380***	−0.506***	−0.041 0***	−0.061 5***
	（0.102）	（0.107）	（0.012 5）	（0.013 1）
age	0.026 0	−0.007 65	−3.47e−05	−0.004 39
	（0.034 8）	（0.034 6）	（0.004 28）	（0.004 22）
ages	0.000 155	0.000 688*	3.30e−05	9.61e−05*
	（0.000 409）	（0.000 407）	（5.01e−05）	（4.95e−05）
primary	4.471***	4.522***	1.652***	1.636***
	（0.219）	（0.221）	（0.025 1）	（0.029 8）
middle	6.084***	6.341***	1.777***	1.781***
	（0.207）	（0.210）	（0.021 4）	（0.028 0）
high	7.182***	7.667***	1.879***	1.908***
	（0.232）	（0.235）	（0.021 9）	（0.028 0）
college	8.085***	9.090***	2.019***	2.103***
	（0.242）	（0.252）	（0.023 5）	（0.028 8）
marriage	−0.062 4	−0.041 2	−0.023 7	−0.018 3
	（0.156）	（0.153）	（0.019 4）	（0.019 1）
nation	0.237	0.148	−0.024 9	−0.032 9
	（0.244）	（0.241）	（0.030 7）	（0.030 1）
hukou	0.977***	0.865***	0.100***	0.087 0***
	（0.124）	（0.122）	（0.014 4）	（0.014 4）
health	−0.171***	−0.164***	−0.015 5***	−0.015 0**
	（0.049 5）	（0.048 6）	（0.005 98）	（0.005 84）

表6-2(续)

变量	（1）	（2）	（3）	（4）
	eduy_diff	eduy_diff	Overedu	Overedu
feduc	−0.042 3***	−0.035 9***	−0.004 91***	−0.004 50***
	（0.013 6）	（0.013 4）	（0.001 62）	（0.001 60）
meduc	−0.049 0***	−0.051 3***	−0.003 65**	−0.003 79**
	（0.014 2）	（0.014 0）	（0.001 79）	（0.001 77）
省份固定效应	Yes	Yes	Yes	Yes
行业固定效应	No	Yes	No	Yes
观测值	5 157	5 100	5 157	5 100

注：为了便于分析，Probit 模型报告的是边际效应而非回归系数。括号中数字为标准差，*、**、*** 分别表示在0.1、0.05和0.01的显著性水平上显著。第（1）列是使用 OLS 模型分析的互联网使用对 edu_diff 的影响，第（2）列在第（1）列的基础上控制了劳动者所在行业的虚拟变量。第（3）列是使用 Probit 模型分析的互联网使用对 overedu 的影响，第（4）列在第（3）列的基础上控制了劳动者所在行业的虚拟变量。

　　我们也需要关注人力资本组成部分——健康状况和教育对过度教育的影响。自评健康况对过度教育的发生率具有负向的影响，产生这种结果的原因可能有以下几个方面。第一，身体健康状况较好的劳动者有更多的时间和精力投入工作搜寻之中。例如，他们可以更频繁地出入当地的人才市场，提高找到合适工作的概率。同时，健康状况也是影响劳动者外出务工的重要因素（秦立建等，2012），身体健康状况良好的劳动者可以通过外出务工而增加工作搜寻的范围，进一步提高就业概率以及就业的满意度。第二，身体健康作为一种特殊的人力资本，也会影响劳动者的就业概率、劳动供给时间以及工资水平等各个方面。根据人力资本理论，教育、培训、经验以及健康都是人力资本的组成部分，过度教育是为了弥补人力资本其他方面的不足，即当人力资本某一方面存在不足或者差距时，例如，劳动者经验不足或者健康水平较差，就需要通过接受更多的教育来弥补，反之，若劳动者在人力资本某一方面具有一定的优势，例如丰富的经验或者健康的体魄，就不需要通过接受更多的教育来达到某种综合要求，也就降低了过度教育的发生率。学历对过度教育的影响显著为正，而且这种正向影响随着学历的增加而上升。这与武向荣和赖德胜（2010）的研究相一致。这个现象与我国高等教育扩招具有一定的关系。我国在1999年对高等教育进行改革，大幅增加了高等教育入学人数，使得大量受过高等教育的劳动者进入劳动力市场。但是，劳动力市场对高等教育人才的需求量并没有成比例增加，造成了高等教育劳动者过剩，此时过多的劳动者就会争夺较少的就业岗位。由于用人单位的"有限理性"，其使用学历来筛选劳动者，导致学历更高的劳动者获得岗位，而实际上这些岗位对教育的需求低于这些就业者，造成了过度教育。此外，由于高等教育扩招，大学文凭信号传递功能逐步减弱，迫使部分劳动者继续求学以获得更高学历，这又进一步加剧了过度教育现象。

其他控制变量对过度教育发生率的影响也基本符合预期。男性的回归系数为负，说明男性相较于女性而言，过度教育的发生率更低。原因正如上文分析的那样，女性在劳动力市场上面临更为严重的性别歧视，这迫使其需要接受更多的教育以获得合意的工作。与此相类似，农村户口的估计系数为正，说明农村劳动力也面临着一定程度上的就业歧视。例如，由于城镇户籍劳动者一般而言更为稳定，平均的劳动素质也较高，用人单位在面临大致条件相同的城乡劳动者时，往往更倾向于招收城镇户籍劳动者而非农村户籍劳动者。年龄对过度教育发生率的影响并不显著，婚姻状况、民族对过度教育的发生率也没有显著影响。父母受教育程度作为家庭资本的代理变量，能够降低过度教育的发生率。家庭资本越丰富的劳动者，其社会资本越高，从而就业渠道更广泛，能够寻求到更合意的岗位，匹配效率较高，从而能够降低过度教育的发生率。

上述的研究并没有考虑如下事实：互联网使用与过度教育之间可能是存在内生性问题的。一方面，使用互联网的劳动者可能本身具有较为强烈的进取心，勇于接受而且善于接受新鲜事物，而这些特征往往难以量化，即便选取某些代理变量仍然会导致遗漏变量的问题，而

163

这些被遗漏的特征又可能促使其进入新兴的产业或行业之中，这些行业往往竞争更加充分、过度教育发生率也较低。如果这种遗漏变量的情形确实存在，那么互联网使用与过度教育之间可能是存在内生性的。另一方面，使用互联网的劳动者的家庭条件相对更好，社会资本可能更为丰富，寻找工作的渠道也更多，能够选择更为合适的工作，降低过度教育的发生率。这种自选择问题的存在也会导致互联网使用与过度教育之间存在内生性问题，为了解决此内生性问题，本书采用了工具变量法进行回归，并作为上述基准模型的稳健性检验。

工具变量的选取根据相关性和外生性的假设要求，选取了两个工具变量，分别为样本所在区县排除个人所在村或者社区的互联网普及率以及样本所在村或社区的地形状况。构造的方法同第四章。

对应的工具变量法结果见表6-3。由表中的回归结果可知，在考虑了内生性问题之后，互联网使用对过度教育发生率的降低作用有了较大幅度的提高。具体而言，使用互联网对过度教育年限的绝对数量的影响从1.35年上升到3.94年，而使用互联网也使得过度教育发生的概率降低了18.8%，大于未考虑内生性的12.2%。由此看来，互联网使用与过度教育之间确实存在由遗漏变量或者自选择所导致的内生性问题、基准回归会低估准确效应。

表6-3　互联网使用与过度教育发生率（工具变量法）

变量	2SLS	Biprobit
internet	-3.943^{***}	-0.188^{***}
	(1.260)	(0.025 5)
其他控制变量	Yes	Yes
观测值	5 034	5 877

注：括号中数字为标准差，*、**、*** 分别表示在 0.1、0.05 和 0.01 的显著性水平上显著。为了节省篇幅，其他控制变量的结果并未列出。

本节对工具变量的有效性进行了检验。弱工具变量的检验 Cragg-Donald Wald F statistic 的值达到了 103.439，超过了10%显著性水平上的临界值 19.93，说明不存在弱工具变量问题。过度识别检验的

Sargan 统计量也无法在 10% 的显著性水平上拒绝工具变量有效性的假设，即工具变量是外生的。而使用工具变量的前提在于模型存在内生性问题，关于内生性的检验值为 5.239，在 5% 的显著性水平上拒绝了模型不存在内生性的原假设，即采用工具变量法解决内生性问题是恰当的。

　　无论使用基准模型，还是考虑了内生性的模型，结果均显示互联网的使用能够显著降低过度教育现象。互联网能够降低过度教育的发生率，其可能的原因在于两个方面。一方面，互联网提高了劳动匹配效率，从而降低了过度教育发生率。当劳动力市场不够完善，供求匹配效率较低时，某些劳动者可以通过社会网络等特殊途径获得实际受教育程度低于要求的受教育程度的工作；相反，一些劳动者在短时间内无法找到合意的工作，只能通过降低要求，进入教育需求低于自身实际受教育水平的行业或者工作岗位，这导致了过度教育的发生，而互联网的使用降低了这种现象发生的概率，也使过度教育发生率降低。另一方面，互联网增加了劳动者的人力资本，从而降低了过度教育的发生率。人力资本包括教育、培训、工作经验、健康等方面。某项工作可能对人力资本具有一定的要求，如果个人在工作经验等方面的人力资本存在欠缺，就需要通过增加其他方面的人力资本来弥补。如果通过增加教育来弥补人力资本的不足，则会造成过度教育的现象。互联网的使用本身是一种劳动技能，是人力资本的一个方面。此外，使用互联网可以在网络上以较低的成本进行相关技能的学习，从而提高劳动技能，增加人力资本。人力资本的增加弥补了相关缺陷，不需要通过教育来实现，从而也降低了过度教育的发生率。

（二）互联网使用对健康的影响

　　为了分析互联网使用对健康水平的影响，本书估计以下方程：

$$\text{health}_i = \alpha + \beta\, \text{internet}_i + \gamma\, X_i + \sigma + \mu_i \tag{6-2}$$

　　其中，health_i 表示健康水平。internet_i 表示是否使用互联网的虚拟变量。X_i 为人口统计学特征变量以及家庭特征变量等。σ 表示省份的固定效应。μ_i 为随机误差项。

表6-4 展示的是互联网使用对健康的影响，分别使用了 OLS 回归和 Oprobit 回归，第（2）和第（4）列则分别是考虑了内生性之后的回归结果。结果显示，无论是使用 OLS 进行回归还是 Oprobit 进行回归，互联网的使用对健康均没有显著的影响，甚至回归结果为负，这意味着使用互联网将降低健康水平。但是当考虑了内生性之后，2SLS 和 IV-Oprobit 模型的结果均显示互联网的使用提高了劳动者的健康水平。

表6-4　互联网使用对健康的影响

变量	（1）	（2）	（3）	（4）
	OLS	2SLS	Oprobit	IV-Oprobit
internet14	−0.014 7	0.489***	−0.014 0	0.415***
	(0.016 8)	(0.132)	(0.025 0)	(0.086 3)
Constant	4.530***	4.058***		
	(0.179)	(0.230)		
其他控制变量	Yes	Yes	Yes	Yes
观测值	11 282	20 848	20 935	20 942
R-squared	0.084	0.069		

注：括号中数字为标准差，*、**、*** 分别表示在 0.1、0.05 和 0.01 的显著性水平上显著。为了节省篇幅，其他控制变量的结果并未列出。

互联网的使用是如何影响个人健康水平的呢？以往的研究更多地从生活方式、社会资本的角度去分析，所以本书也将从这两个角度分析互联网使用对健康水平影响的内在机制。表6-5 展示的是互联网使用对健康生活方式（每周锻炼次数以及膳食均衡①）的影响。类似于上述两章的讨论，使用互联网的劳动者往往收入水平更高，其进行体

① 锻炼包括散步、长跑、慢跑和登山等，练习太极拳等武术运动，在室内外进行的跳舞、跳健身操、做操、瑜伽等，大小球等各类球类运动，游泳、跳水、划船、帆船等水上运动，冬季冰上、雪上运动和摔跤、柔道、拳击等身体接触性运动等。膳食均衡指的是过去一周食用食物的种类，如肉类、鱼类等水产品、新鲜蔬菜水果、奶制品、豆制品、蛋类和杂粮，每周食用几种食物则设定为几，取值范围为0~7。

育活动以及饮食等受到的预算约束较小，因此，为了解决这种内生性问题，本章使用了工具变量法①以得到更为无偏的估计。结果显示，互联网的使用对每周锻炼的次数以及膳食均衡都有显著的正向影响，在考虑内生性之后，这种影响反而变得更为显著。互联网对健康行为方式产生影响的机制主要是通过在网络中获取更多关于健康、养生方面的知识，从而促进自身生活习惯的健康化和合理化。

表 6-5　互联网使用影响健康的机制一：生活方式

变量	每周锻炼次数		膳食均衡	
	Tobit	IV-Tobit	Tobit	IV-Tobit
internet	1. 321 ***	3. 12 ***	0. 576 ***	1. 735 ***
	(0. 160)	(1. 224)	(0. 030 3)	(0. 287)
其他控制变量	Yes	Yes	Yes	Yes
观测值	20 926	20 839	20 942	20 855

注：括号中数字为标准差，*、**、*** 分别表示在 0.1、0.05 和 0.01 的显著性水平上显著。为了节省篇幅，其他控制变量的结果并未列出。

高梦滔和姚洋（2005）的研究发现，大病冲击对农户收入的影响持续期高达 12 年。在此期间，短期影响和中期影响导致了患病家庭的人均收入水平分别降低 5% 和 6%。而且这种大病冲击对低收入家庭的影响尤为严重，因病返贫、因病致贫的现象仍然存在。大病冲击对低收入家庭影响严重的一个原因在于其自身无法支付高昂的治疗费用，所以无法恢复健康以回到劳动力市场之中。社会资本则提供了一个筹集资金的渠道，患病的劳动者可以通过亲朋好友等获得资金以支付治疗费用。社会资本通过影响民间借贷来影响健康，这种影响机制目前在我国具有格外的现实意义。一方面，我国的金融制度仍然在不断的发展完善过程之中，居民，尤其是低收入居民，从正规金融机构中获得借款的可能性较低。民间借贷则很好地对正规金融机构进行了补充。另一方面，不同于正规借贷，亲朋好友之间的借贷往往属于互

---

① 这里的工具变量与第四章工具变量选取相同。

帮互助性质，较少对利息和还款期限进行限制。利息的减免则有利于缓解遭受冲击的家庭的预算约束。

表6-6则通过两种不同的方式对社会资本进行衡量，即礼金收入和礼金支出。结果显示，无论使用礼金收入还是礼金支出作为社会资本的代理变量，互联网的使用均对二者产生了正向的影响。这说明，互联网的使用能够加强劳动者与亲朋好友之间的联系和互动，从而对稳定和扩展社会资本产生较强的促进作用。而互联网使用对社会资本的这种正向影响，也是其对健康产生影响的重要渠道。

表6-6　互联网使用影响健康的机制二：社会资本

变量	礼金收入对数		礼金支出对数	
	OLS	2SLS	OLS	2SLS
internet	0. 223 ***	1. 501 ***	0. 214 ***	1. 553 ***
	(0. 083 1)	(0. 403)	(0. 025 5)	(0. 215)
其他控制变量	Yes	Yes	Yes	Yes
观测值	2 780	2 765	16 892	16 799

注：括号中数字为标准差，*、**、*** 分别表示在 0. 1、0. 05 和 0. 01 的显著性水平上显著。为了节省篇幅，其他控制变量的结果并未列出。

（三）互联网使用对认知能力和非认知能力的影响

为了分析互联网使用对认知能力以及非认知能力的影响，本书估计以下方程：

$$ability_i = \alpha + \beta\, internet_i + \gamma\, X_i + \sigma + \mu_i \qquad (6\text{-}3)$$

其中，$ability_i$ 表示认知能力以及非认知能力等变量。$internet_i$ 表示是否使用互联网的虚拟变量。X_i 为人口统计学特征变量以及家庭特征变量等。σ 表示省份的固定效应。μ_i 为随机误差项。

表6-7显示的是互联网使用对认知能力的影响，其中认知能力包括两部分：一个是字词测试分数；另一个是数学测试分数。为了得到更为稳健的结论，此处分别使用 OLS 模型、2SLS 模型以及 PSM 模型进行了回归。结果显示，在考虑了选择偏差导致的样本选择问题后，

互联网的使用仍然能够提高劳动者的认知能力。其中，互联网的使用显著提高了劳动者字词测试的分数，OLS 模型以及 PSM 模型的结果显示，劳动者的分类提高了 3 分，2SLS 模型的结果甚至提高了近 15 分。但是，互联网使用对数学测试分数的影响比对字词测试分数的影响要低，OLS 模型以及 PSM 模型的结果显示，互联网使用提高了数学测试 0.4~0.6 的分数，2SLS 模型的结果则显示提高了 2.6 的分数。与数学测试相比，互联网使用更多地是提高了个体字词测试的成绩。

表 6-7　互联网使用对认知能力的影响

变量	wordtest			mathtest		
	OLS	2SLS	PSM	OLS	2SLS	PSM
internet	3.088 ***	14.90 ***	3.267 ***	0.399 ***	2.637 ***	0.596 ***
	(0.141)	(1.329)	(0.312)	(0.053 5)	(0.449)	(0.200)
其他控制变量	Yes	Yes	Yes	Yes	Yes	Yes
观测值	20 147	20 037	20 147	20 147	20 037	20 147
R-squared	0.604	0.487		0.845	0.833	

注：PSM 仅报告了 ATT。括号中数字为标准差，*、**、*** 分别表示在 0.1、0.05 和 0.01 的显著性水平上显著。为了节省篇幅，其他控制变量的结果并未列出。

使用工具变量的回归结果远高于 OLS 模型以及 PSM 模型的结果，可能是由于模型中互为因果的内生性并不严重，更多的是样本选择带来的偏误。也有可能是工具变量的选取存在不足导致估计结果偏误。但是，这一结果仍然能够作为一个稳健性的检验，证明互联网使用对认知能力的正向影响。

表 6-8 是互联网使用对非认知能力影响的回归结果。OLS 模型的结果显示，互联网的使用显著降低了非认知能力。在具体的非认知能力方面，互联网使用对情绪稳定性并没有显著影响；对宜人性具有负向的影响，并在 10% 的显著性水平上显著；对尽责性具有显著的负向影响，在 1% 的显著性水平上显著。

表 6-8　互联网使用对非认知能力的影响

变量	(1)	(2)	(3)	(4)
	noncognitive	neuroticism	agreebleness	conscientiousness
internet14	-0.042 6 ***	0.006 51	-0.029 3 *	-0.131 ***
(OLS)	(0.011 3)	(0.012 3)	(0.017 5)	(0.015 9)
internet14	-0.263 ***	0.179 *	-0.268 *	-0.586 ***
(2SLS)	(0.092 4)	(0.099 7)	(0.142)	(0.121)
internet14	-0.038 2 *	-0.005 43	-0.016 7	-0.144 ***
(PSM)	(0.020 5)	(0.023 3)	(0.030 1)	(0.028 0)
Internet10	-0.022 7 *	-0.007 67	-0.003 04	-0.084 9 ***
(OLS)	(0.011 9)	(0.013 0)	(0.018 3)	(0.017 2)

注：2SLS 模型使用的工具变量同第四章；PSM 模型使用的是近邻匹配，仅报告了 ATT。括号中数字为标准差，*、**、*** 分别表示在 0.1、0.05 和 0.01 的显著性水平上显著。为了节省篇幅，其他控制变量的结果并未列出。

与研究能力（包括认知能力和非认知能力）类似，互联网使用对非认知能力的影响也受到互为因果和遗漏变量的影响，所以存在内生性问题。为了解决潜在的内生性问题，本书分别使用了工具变量法、倾向得分匹配法以及将 2014 年是否使用互联网替换为 2010 年是否使用互联网等三种方法。结果显示，无论采取何种方法，互联网的使用仍然降低了个体的非认知能力，而且对情绪稳定性没有影响，对宜人性的影响虽然为负但是并不稳健，对尽责性则显示了显著且稳健的负向影响。

三、互联网使用对劳动力市场表现的影响——人力资本的中介效应

在第四章和第五章中，本书已经证明了互联网的使用能够提高劳动者的劳动参与率并提高其工资水平，同时对其中可能的机制进行了初步的讨论。本小节则从人力资本的角度分析互联网使用影响劳动力

市场表现的内在机制，并验证其中介效应。正如新人力资本理论所言，人力资本包含诸多内容，不仅包括教育水平、健康状况，还包括非认知能力等方面。那么互联网是否能够通过影响教育、健康以及非认知能力等人力资本，从而对劳动者就业以及工资水平产生影响呢？换句话说，在互联网影响劳动者就业和工资水平的机制当中，人力资本是否起到了中介作用？如何证明其中介效应存在？本书借鉴张锦华等（2016）的方法，从以下三个标准对中介效应进行检验：一是中介变量人力资本对互联网使用进行回归，互联网使用对人力资本影响显著；二是劳动参与与否、工资水平对互联网使用进行回归，互联网使用对二者也具有显著影响；三是劳动参与与否、工资水平对中介变量人力资本和互联网使用同时进行回归，如果人力资本影响显著而且互联网使用的影响变小且显著，则人力资本起部分中介作用，如果人力资本影响响显著而且互联网使用影响不显著，则人力资本起完全中介作用。

　　本章的上一节证明了互联网使用对人力资本的正向且显著的影响，三个标准中第一个标准得到满足。在第四章和第五章中，本书已经分别证明了互联网使用对劳动参与以及工资水平的影响，即第二个标准也得到满足。而本节的目的在于验证第三个标准是否能够得到满足。

　　首先，分析人力资本在互联网使用对劳动参与影响中的中介效应检验，相关回归结果见表6-9。表中第（1）列是并未加入健康水平、认知能力以及非认知能力的回归结果，而第（2）列、第（3）列和第（4）列分别是在回归中加入了健康水平、认知能力和非认知能力的回归结果。由回归结果可知，在加入健康水平作为控制变量后，互联网使用对劳动参与的影响由5.98%下降到5.84%，而健康水平也在1%的显著性水平上显著。因此，健康水平在互联网使用对收入的影响中发挥了部分中介作用。类似地，在加入认知能力（字词测试分数和数学测试分数）后，互联网对劳动参与的影响下降到5.09%，而且数学测试分数也在1%的显著性水平上显著，但字词测试分数对劳动参与的影响却显著为负。这说明认知能力（主要是数学测试分数）在

171

互联网使用对劳动参与的影响中发挥了部分中介作用。最后，在加入非认知能力作为控制变量后，互联网使用对劳动参与的影响也有了一定程度的下降，而非认知能力的影响也显著为正。但是由于互联网使用对非认知能力的影响为负，我们并不能得出非认知能力在互联网对劳动参与的影响中发挥部分中介作用的结论。

表6-9　互联网使用对劳动参与影响中人力资本的中介效应检验

变量	（1）	（2）	（3）	（4）
	劳动参与	劳动参与	劳动参与	劳动参与
internet	0.059 8***	0.058 4***	0.050 9***	0.041 9***
	(0.005 19)	(0.005 24)	(0.005 15)	(0.006 40)
health		0.006 61***		
		(0.000 578)		
wordtest			−0.000 307***	
			(0.000 112)	
mathtest			0.000 868***	
			(0.000 324)	
noncognitive				0.009 88***
				(0.001 99)
其他控制变量	Yes	Yes	Yes	Yes
观测值	19 710	19 707	19 708	12 095

注：括号中数字为标准差，*、**、***分别表示在0.1、0.05和0.01的显著性水平上显著。为了节省篇幅，其他控制变量的结果并未列出。本表数据使用的是2014年度数据。

其次，分析人力资本在互联网使用对收入回报影响中的中介效应检验，相关的回归结果见表6-10。表中第（1）列是并未加入健康水平、认知能力以及非认知能力的回归结果，而第（2）列、第（3）列和第（4）列分别是在回归中加入了健康水平、认知能力和非认知能力的回归结果。由回归结果可知，在加入健康水平作为控制变量后，互联网使用对收入的影响由19.7%下降到19.2%，而健康水平也在1%的显著性水平上显著。因此，健康水平在互联网使用对收入的影响中发挥了部分中介作用。类似地，在加入认知能力（字词测试分数和数学测试分数）后，互联网使用对收入回报的影响下降到17.9%，而且数学测试分数也在1%的显著性水平上显著，但字词测试分数对收入并没有显著影响。这说明认知能力（主要是数学测试分数）在互联网使用对收入的影响中发挥了部分中介作用。最后，将非认知能力作为控制变量后，互联网使用对工资水平的影响也有了一定程度的下降，而非认知能力的影响也显著为正。但是由于互联网使用对非认知能力的影响为负，并不能得出非认知能力在互联网对收入的影响中发挥部分中介作用的结论。

表6-10　互联网使用对收入回报中人力资本的中介效应检验

变量	（1）	（2）	（3）	（4）
	lnincome14	lnincome14	lnincome14	lnincome14
internet	0.197***	0.192***	0.179***	0.153***
	(0.039 2)	(0.039 2)	(0.040 6)	(0.048 4)
health		0.038 3***		
		(0.014 7)		
wordtest			−0.003 15	
			(0.002 66)	
mathtest			0.012 9***	
			(0.004 40)	
noncognitive				0.122***
				(0.045 6)
其他控制变量	Yes	Yes	Yes	Yes
观测值	4 535	4 535	4 535	2 955
R-squared	0.312	0.313	0.313	0.339

注：括号中数字为标准差，*、**、*** 分别表示在0.1、0.05和0.01的显著性水平上显著。为了节省篇幅，其他控制变量的结果并未列出。

由此可见，互联网首先一种劳动技能，能够给劳动者带来相应的工资技能溢价，但是互联网的作用远不止如此。互联网的使用以及互联网在社会上的广泛传播，都从各个方面对劳动者产生了影响，尤其是对作为影响劳动者工资水平的最重要因素——人力资本的作用显著。互联网通过其自身信息搜寻以及社交的功能，不仅影响着劳动者的教育等方面的认知能力，也影响着劳动者沟通、情感等方面的非认知能力。由于人力资本，包括认知能力和非认知能力的培养存在一定的时滞性，其培养和发展需要一定的时间，互联网使用对其的影响可能在短时间内难以完全显现。随着时间的推移，互联网使用对劳动者的影响将越来越明显，其作用也可能越来越广泛。

第四节　本章小结

本章分析了互联网使用对劳动者人力资本的四个方面，即教育、健康、认知能力以及非认知能力的影响。由于教育水平在短时间内难以改变，本章转而分析了互联网对过度教育的影响。得出的主要研究结论如下：

第一，互联网的使用能够降低过度教育的发生率。这种情况主要是由两方面的原因造成的：一方面，互联网使用是劳动者的一项劳动技能，是人力资本的组成部分，当某项工作对总的人力资本水平有一定要求时，互联网技能的提高降低了该工作对其他人力资本水平的要求，如降低了对教育的要求。而这种情况在互联网专业人才方面体现得更为明显。另一方面，互联网提高了劳动力市场供需匹配的范围以及效率，劳动者以及用人单位可以在更大范围的劳动力市场上进行更为快速的搜寻匹配，所以减少了因信息不对称以及劳动力市场范围太小而发生的过度教育现象。这从侧面说明目前我国产生过度教育现象的主要原因仍然在于资源配置不当，市场化水平较低。市场化水平越高的地区，劳动力市场的竞争越充分，过度教育作为一种资源配置不当的结果便会随着竞争而消失，当然，这一结论的前提在于我国的劳动者平均教育水平没有达到经济增长所需的水平。

　　第二，互联网的使用提高了劳动者的健康水平。健康是人力资本的重要组成部分，是影响劳动力收入水平的重要变量。互联网的使用能够对健康产生正向影响，主要是通过促使劳动者选择健康的生活方式而实现的。一方面，互联网的使用增加了劳动者进行体育锻炼的频率；另一方面，互联网的使用也促进了劳动者膳食的均衡，使劳动者摄入营养的方式更为丰富。本书认为，互联网对健康行为方式产生影响主要是通过在网络中获取更多关于健康、养生方面的知识，从而促进自身生活习惯的健康化和合理化。

　　第三，互联网的使用提高了劳动者的认知能力，但没有证据表明互联网的使用提高了劳动者的非认知能力。非认知能力是新人力资本理论的重要组成部分，相关研究发现非认知能力与认知能力一样，能够对劳动者的劳动力市场表现产生重要的影响。限于数据可得性的原因，本书并不能得到互联网影响劳动者非认知能力的内在机制，但是这可能是内在的原因之一：互联网作为一种技能偏向型技术进步，其发展造成了劳动力市场的极化现象，同时由于风口效应，增加了社会对高技能劳动者以及低技能劳动者的需求，而降低了对中等技能劳动者的需求。中等技能劳动者为了避免自身被替代，只能通过提高教育水平成为高技能劳动者，或者增强自身的非认知能力这种难以被互联网以及人工智能所替代的技能。但是劳动者对互联网发展的反应仍然存在时滞性，而且非认知能力的培养也需要较长时间，所以互联网使用对非认知能力的影响可能需要一定的时间才能够显现出来。

　　第四，人力资本在互联网使用对劳动者收入影响方面产生部分的中介效应。互联网在能够给劳动者带来技能溢价的同时，还能通过提高劳动者的人力资本水平来间接影响劳动者的劳动力市场表现。人力资本的提高并不是瞬间完成的，而是需要平时不断地进行投资积累，因此，互联网对劳动者在劳动力市场上表现的影响在短期内可能较小，而随着时间的不断推移，互联网使用的收入回报可能更加显著。

第七章 结论与政策建议

互联网的快速发展不仅改变了人们的生活，而且改变了人们的就业观念和就业选择。互联网所催生的新兴产业，促进了经济增长，增加了劳动需求，但对传统行业的冲击也带来了一定的就业毁灭。我国的企业互联网普及率已经超过95%，但个人互联网普及率刚刚过半，对个人来讲，互联网的使用能否对个人就业以及收入产生积极的影响是一个十分值得关注的问题。如果互联网使用能够影响个人劳动参与以及工资水平，其内在机制如何也是值得研究的问题。本书利用中国家庭追踪调查（China Family Panel Studies，CFPS）2010年度和2014年度调查数据，分析了互联网使用对个人劳动参与决策、收入的影响，并分析了其内在机制。在使用工具变量法和倾向得分匹配法解决了互为因果的内生性问题以及样本选择问题后，本书得出相关结论，并根据研究结论提出了相关的政策建议。

第一节 研究结论

一、互联网使用能够影响个体劳动参与

第一，劳动者使用互联网能够提高其劳动参与率。互联网使用对劳动参与的促进作用随着时间的推移而增强，从2010年的4.38%提高至2014年的6.03%。随着互联网与经济的进一步融合，互联网直接或间接带动的就业岗位将越来越多，互联网将成为劳动者必备的基

础技能。此外，互联网使用对劳动参与的促进作用在不同群体中存在异质性。女性使用互联网对劳动参与率的影响要高于男性，城镇户籍劳动者高于农村户籍劳动者。从劳动者供给的角度而言，使用互联网带来的劳动参与率的提高对那些本身劳动参与率较低的群体更为显著。

第二，劳动者使用互联网不仅提高了其劳动参与率，而且改变了他们的就业选择。对于农村户籍劳动者而言，使用互联网能够降低其务农的概率，提高其成为自我雇佣以及工资获得者的概率。随着农业机械化水平的提高，农村中务农的劳动力将进一步被释放。互联网的使用使该群体能够获得更多的就业信息，提高其非农务工。类似地，互联网使用对就业结构的影响同样存在城乡差异与性别差异。一方面，城镇户籍劳动者使用互联网更多地促使他们成为工资获得者而非自我雇佣者，而农村户籍劳动者使用互联网对两种就业形式的影响差异并不显著。这主要归咎于农村户籍劳动力的人力资本水平较低，即便能够使用互联网进行就业搜寻，但仍难以寻找到更高层次的工作，依旧集中在对学历要求较低的制造业、建筑业以及部分低端服务业。相对而言，成为自我雇佣者或者说创业对他们而言仍然具有比价优势。另一方面，女生使用互联网更多地使其成为工资获得者，而男性则更多地成为自我雇佣者。造成这种差异的原因之一是自古以来的文化传统：男性更倾向于"立业"，更偏好高工资；女性更倾向于稳定的就业，更偏好工作强度小等非货币维度方面的就业质量。

第三，人力资本水平是影响互联网使用对劳动参与发生作用的重要因素。不同学历劳动者使用互联网带来的就业参与的提高具有异质性，对文盲和高学历劳动者影响不显著，对小学学历和初中学历劳动者影响显著。这是由于文盲往往属于收入较低的群体，对互联网难以形成有效需求，更多地属于"从不接受者"，而且文盲的劳动者即便使用互联网，也通过就业信息搜寻获得合意的工作。高学历劳动者由于本身劳动参与率较高，互联网的普及率也较高，互联网的使用仅仅是锦上添花，对其劳动参与可能并不产生较大影响，但仍然可能通过提高其劳动生产率等影响到其收入，这将留在下一节进行讨论。

第四，劳动者使用互联网通过提高人力资本水平、拓展社会资本以及减少家务劳动时间对劳动参与产生影响。人力资本和社会资本是影响劳动者就业以及收入的重要因素，而后者在讲究"人情"的社会中的作用更为突出。劳动者使用互联网可以通过日趋丰富的网络学习提高人力资本水平，也可以通过频繁的社交活动带来社会资本的扩展进而提高劳动参与的概率。，减少家务劳动时间这一影响机制主要对女性劳动者发生作用，而对男性劳动者并没有显著的影响。这是由于一般而言，女性由于其比较优势以及传统观念，更多地承担家务劳动。互联网的使用提高了家务劳动效率，增加了女性可支配的时间，从而可以将更多精力投入到工作之中，提高劳动参与率。

二、互联网使用能够获得正向的收入回报

第一，劳动者使用互联网能够带来显著的收入回报。与不使用互联网的劳动者相比，使用互联网的劳动者收入提高 20%。互联网的收入回报效应规模高于国外学者使用发达国家数据的估计结果，但与拉美等发展中国家的归集结果相近。随着时间的推移，互联网普及率越高，互联网使用带来的收入效应也将日趋降低，这符合技术扩散的基本规律。本书分年度的实证分析也验证了互联网收入回报下降的趋势：2010 年互联网使用收入回报在 20% 左右，而到了 2014 年，收入回报下降到 16% 左右。互联网使用的收入回报随时间变化的趋势呈现性别差异，男性的收入回报降低较为缓慢，但是女性的收入回报降低迅速。

第二，互联网使用的收入回报具有城乡差异，城镇户籍劳动者的收入回报率要高于农村户籍劳动者。原因在于互联网的技能偏向型技术进步的特征和城乡的数字鸿沟。一方面，互联网技能偏向型技术进步的特征在本书和其他文献中得到证实，即高技能劳动者使用互联网的收入回报要高于低技能劳动者。而中国城乡劳动者在人力资本水平之间存在较大差异，农村户籍劳动者受教育水平低、健康状况相对较差，其使用互联网收入提高的作用难以得到最大的发挥。另一方面，

中国城乡差距不仅体现在人力资本水平的差距，也体现在了互联网普及和使用方面，即数字鸿沟。农村户籍劳动者使用互联网的比例相对较低，而且使用的内容也更多的是娱乐、社交而非学习、工作，这也导致了他们使用互联网带来的收入效应有限。

第三，不同互联网使用方式对收入的影响不同，互联网用于工作、社交的频率能够提高劳动收入，但用于学习、娱乐以及商业活动则对劳动收入的影响并不显著。互联网使用方式或内容对收入影响的差异，既验证了互联网使用对就业的影响机制，也反映出互联网使用的数字鸿沟。随着互联网普及率的日益提高，数字鸿沟的接入沟逐渐得到弥补，而第二层鸿沟即使用沟的影响将进一步凸显。

三、互联网的使用影响了人力资本水平

第一，互联网的使用能够降低过度教育的发生率。对过度教育这一现象进行解释的理论主要有人力资本理论、信号理论等。人力资本理论和信号理论均能够在一定程度上解释互联网使用对过度教育的影响。一方面，人力资本理论认为一项工作只要求了总的人力资本水平，不同的人力资本组成部分可以相互替代。互联网是劳动者的一项劳动技能，是人力资本的组成部分，当某项工作对总的人力资本水平有一定要求时，互联网技能可以降低工作对其他人力资本组成部分的需求。如果互联网替代的是教育水平，则表现为降低了过度教育。另一方面，如果劳动力市场化程度不高，信息不对称的问题可能导致劳动力得不到合理配置，产生过度教育问题。互联网提高了劳动力市场供需匹配的范围以及效率，劳动者以及用人单位可以在更大范围的劳动力市场上进行更为快速的搜寻匹配，因此减少了因信息不对称以及劳动力市场范围太小而发生的过度教育现象。

第二，劳动者使用互联网提高了其健康水平和认知能力，但并没有证据表明互联网能够提高劳动者的非认知能力。一方面，互联网对健康产生正向影响，是通过促使劳动者选择健康的生活方式实现的。劳动者使用互联网能够通过获得对健康水平的科学认知和健康知识的

获取，进而增加体育锻炼的频率、关注膳食的营养均衡，最终提高了劳动者的健康水平。另一方面，劳动者使用互联网提高了认知能力，但对非认知能力的影响并不显著。囿于数据可得性，本书没有验证其中的影响机制，但是可能的原因在于：互联网技能偏向和程序偏向的特征，导致了部分从事程序工作的劳动者被替代。这部分劳动者为了避免被替代，或通过增加教育水平成为高技能劳动者，或增强自身的非认知能力。因为非认知能力难以被互联网以及人工智能所替代。但是劳动者对互联网发展的反应仍然需要时滞，而且非认知能力的培养也需要较长时间，因此互联网使用对非认知能力的影响可能需要一定的时间才能够显现出来。

第三，人力资本在互联网使用对劳动者收入影响方面产生部分的中介效应。劳动者使用互联网不仅能够直接带来技能溢价，获得收入回报，而且能够通过增加人力资本水平间接影响劳动者的市场表现。随着互联网普及率的提高以及人力资本水平的逐渐累积，互联网对劳动者在劳动力市场上表现的直接影响会逐步降低，而通过改善人力资本水平的间接影响则可能会更加显著。

第二节　政策建议

根据本书的主要研究结论，即互联网的使用能够提高劳动者的劳动参与率，影响其工资水平，而且能够影响劳动者的人力资本水平。针对这些研究结论，本书提出如下的政策建议。

一、从数量和质量两个层面缩小城乡"数字鸿沟"

互联网的使用能够对劳动力市场表现产生正向的促进作用，但是由于城乡之间存在的"数字鸿沟"，互联网在提高劳动者收入的同时又扩大了城乡收入差距。不仅如此，抛开城乡互联网普及率差异不谈，互联网对劳动者收入的影响本身就存在城乡差异，这又导致了城乡收入差距的扩大。因此，应当在推动互联网普及、缩小城乡"数字

181

鸿沟"的同时,加强对农村居民和低收入群体的互联网使用培训,使其不仅会用互联网,而且能够用好互联网。

虽然我国宽带降费提速改革已经进行了两年,取得了不小成果,但是互联网的接入成本仍然相对较高,普通民众的互联网获得感仍然较差,网费过高仍然是互联网普及率较低的主要原因。目前城乡收入仍然存在一定的差距,受上网费用制约的群体更多的是农村居民。

除了接入互联网相关资费外,个人原因也是造成互联网普及率较低的重要原因。文化程度限制、时间和年龄约束等是阻碍劳动者上网的重要因素。针对这些特点,可以通过向非网民提供免费的互联网技能培训以达到提高互联网普及率的目的。事实上,第 41 次《中国互联网络发展状况统计报告》(以下简称《报告》) 也提供了非网民上网促进方式的相关数据。提升非网民上网技能,降低上网成本以及提升非网民对互联网的需求是带动非网民上网的主要因素。截至 2017 年 6 月,非网民群体中愿意因为免费的上网培训而选择上网的人群占比为 22.1%;由于上网费用降低及提供无障碍上网设备而愿意上网的人群占比分别为 21.8% 和 19.3%;出于沟通、增加收入和方便购买商品等需求因素而愿意上网的比例分别为 24.8%、19.6% 和 14.6%。

在推动互联网普及的同时,应当进一步加大对农村地区的政策支持,缩小我国城乡之间的"数字鸿沟"。城乡差距是我国经济社会二元体制下,劳动力市场分割、教育资源不公、社会保障城乡差异等多种因素共同导致的结果。但是在信息经济迅速发展的今天,不能让互联网成为城乡发展不平衡的又一个重要来源。缩小城乡"数字鸿沟",是提高农村地区劳动力人力资本水平,提高农民收入的重要途径,也是解决城乡收入差距的必然要求。互联网使用对劳动参与以及工资收入回报的影响存在显著的城乡差异,对农村户籍的劳动者作用效果有限。这主要是囿于农村劳动者自身人力资本水平较低,其使用互联网的目的更倾向于娱乐化和休闲化,互联网并不能够有效发挥对就业的促进作用。因此,加强对农民尤其是农民工的互联网培训是推动我国农村剩余劳动力转移,提高非农就业比例的重要途径。农民掌握了互联网使用的技术,搜寻信息以及网络学习的能力加强,不仅有利于其非农就业与外出务工，缩小城乡收入差距，而且对于农业生产效率的提高具有积极的作用。

二、推动网络求职和网络招聘的发展，提高劳动供需匹配效率

互联网普及率的提高能够促进就业岗位的创造和劳动者的就业，但是，只有网络求职和网络招聘成为主要的求职和招聘方式，劳动力市场的供需才能够在更大范围内进行更高效率的匹配。虽然我国互联网发展迅速，但是网络求职并没有成为最主流的求职和招聘方式，我国的网上求职和招聘仍然需要进一步的完善。

首先，政府应当搭建相关网络平台，用人单位不仅可以在该平台上发布相关就业招聘信息，而且可以查阅各地区各自的人才引进政策等相关规定。这样做的好处在于让劳动者不仅可以获得相关的岗位招聘信息，还能够查询不同地区的人才引进政策、创业支持政策以及社保异地接续等相关信息。这种"一站式"的信息查询网站能够进一步提高劳动力市场的供需匹配效率。此外，该平台还可以登记求职者的个人信息以及求职意愿，自动与后续的岗位进行匹配，将相关的匹配结果推送给求职者，以免求职者因没有及时登录网站而错失求职机会。针对我国农民工规模庞大的现状，该平台还可以设立农民工求职专区，定向帮扶该群体。

其次，完善网络招聘的相关规章制度。网络招聘中信息的真实度是雇主以及求职者最为关心的问题。绝大多数招聘网站并不要求用户进行相关的实名制认证，对于虚假的信息也缺乏相关的惩罚措施，导致招聘信息以及求职信息的真实性受到影响。相关调查显示，超过六成的受访者表示难以辨认网络招聘信息的真实性，企业的"官网"仍然是受访者的首选。针对这种情况，应当完善网络招聘的相关规章制度，对于虚假信息的发布者给予相应处罚，提高网络招聘网站中信息的真实性。

最后，各网络招聘平台提高服务质量。目前的网络招聘平台往往

只提供相关的岗位信息和求职信息，雇主与求职者在平台上进一步了解和沟通的机会较少。所以平台应当提供更多形式的服务，增强雇主与求职者的互动体验，进一步提高劳动供需匹配效率。

三、推动互联网与传统行业的深度融合，优化创业环境

一方面，推动互联网与传统行业的结合，以增加劳动需求。提高互联网的普及率，不仅是提高互联网在普通劳动者之中的普及率，更是要提高互联网在企业、行业等劳动需求方的互联网普及率。提高劳动者的互联网普及率，仅仅是劳动力市场的一个方面，仅提高了使用互联网的劳动供给，若想更好地发挥互联网在劳动供求匹配效率、提高收入方面的作用，还必须提高劳动需求方，如企业等相关方面的互联网普及率。不仅如此，有关部门应当着力支持互联网行业的发展，为互联网创业活动提供有力的政策支持与良好的环境氛围。网约车、网上外卖以及由于网购而迅速发展的快递行业，都吸引了大量劳动者参与就业。而这些从业者，有较大比例的失业者、农村劳动力等，互联网的发展给他们带来了新的就业机会，一定程度上维护了社会稳定，促进了社会的和谐发展。但是同时必须注意，互联网的发展也造成了部分传统行业的衰落，网约车的出现便极大影响了出租车行业，引起部分出租车司机的抵制。互联网与传统行业的深度融合因此显得尤为重要。出租车在某些场景的使用仍然比网约车便利，如何在发展网约车的同时，推动互联网与传统出租车产业的结合，同时发挥二者的优势，是互联网与传统行业深度融合所需要解决的问题之一。此外，诸如网约车、网上外卖等行业，更多的是在一、二线城市较为发达，也能够带动相关的就业。相对而言，在三、四线城市和农村地区，相应的行业发展规模较小，带动的就业比例也有限。事实上，三、四线城市和农村地区的市场潜力巨大，如何排除相关制度以及其他方面的障碍，在更广阔的偏远地带实现互联网与传统行业的融合，是值得研究的课题。

另一方面，优化创业环境，提高自我雇佣意愿。根据本书的实证

结果，对于农村地区而言，互联网的使用对农村劳动者的影响是促使他们成为自我雇佣者，而非工资获得者。这与农村劳动者相对较低的人力资本水平是高度相关的。与成为工资获得者相比，自我雇佣对学历等人力资本水平并没有要求。互联网带来的信息、社会资本以及创业成本的降低是促使农村劳动者自我雇佣的重要原因。而且相较于获得工资，自我雇佣能够更大程度上解决就业问题，自我雇佣者解决自身就业问题的同时还能带动更多的劳动者就业。但是，自我雇佣仍然存在一定门槛限制。第一，创业需要资金门槛，而农村地区劳动者面临较为严重的资金约束。针对这一现状，应当着力促进互联网金融在农村地区的普及，给予农村地区更多金融方面的优惠，放松其创业的资金约束。第二，在农村地区设立针对农村创业者的众创空间。农村地区具有丰富的旅游资源，并且在农产品深加工等方面具有优势，应当针对农村地区的特点，因地制宜地发展休闲农业、乡村旅游以及农副产品的深加工等方面的创业活动。

四、推动在线教育发展，促进教育公平

互联网接入的不平等仅仅是一个方面，互联网内容使用的不平等也应得到重视。由于低学历劳动者个人能力的限制，其无法有效率地在互联网中搜寻自己需要的信息和期望学习的知识。而在线教育是对正规教育，尤其是高等教育的重要补充，高等教育资源的相对稀缺，导致部分劳动者难以接受高等教育，此时网络教育便能够发挥提高劳动者人力资本水平的重要作用。但是目前我国的网络教育发展较为滞后，普通劳动者的接入感较差，并且具有一定的知识储备门槛。根据《报告》显示，在 2017 年，超过 50% 使用率的互联网应用分别为即时通信、搜索引擎、网络新闻、网络视频、网络音乐、网上支付、网络购物、网络游戏和网上银行，而在线教育使用率仅为 20.1%。与我国形成对比的是，美国的在校教育注册人数已经达到高等教育总注册人数的三分之一（梁林梅和夏颖越，2016），并且在线教育在美国的地位逐渐得到认可，其发展规模和发展速度保持稳定增长，在高等教育

中获得了相对主流的地位，成为高等教育体系的有机组成部分。在线教育的发展在我国更具有现实意义，目前我国接受高等教育的学子中，来自农村的比例持续降低，教育不公的现象愈发引人关注。在线教育的发展是高等教育体系的强力补充，有利于在一定程度上减少教育不公平的现象。高等学校实行在线教育的主要原因为"提高学生的入学机会"以及"从传统教育服务领域之外吸引更多学生"（Allen & Seaman，2007）。因此，在线教育的目的在于扩大高等教育规模、推动高等教育普及以及为社会弱势群体提供更为便利的学习机会等。同时，终身学习的理念也逐渐深入人心，在线教育能够满足相关的需求，也是其能够得到发展的基础以及存在的意义之一。

第三节　后续研究展望

本书从劳动者微观个人角度，使用 CFPS2010 年度和 2014 年度数据分析了互联网使用对其劳动力市场表现的影响。结合本书的不足之处，后续研究可从以下几个方面进行展开：

第一，从宏观层面来看，国家或地区的互联网发展或者数字经济发展对就业总量及其结构会产生何种影响？数字经济将带来部分传统就业岗位的毁灭和部分新兴就业岗位的创造，但对就业需求总量的影响几何及其变动趋势需要理论分析和实证检验。

第二，企业层面、城市层面互联网等信息技术的采用对劳动者需求总量和需求结构的影响。一方面，企业采用计算机、互联网等信息通信技术是否会影响劳动者技能需求？以此验证互联网等信息通信技术的技能偏向和程序偏向特征。另一方面，城市层面互联网等信息技术的普及是否通过提高劳动力市场匹配效率促进了劳动参与率？该部分研究可通过获取智联招聘、前程无忧网等招聘网站在城市地区的相关数据对城市的劳动参与率、失业持续期进行分析。

第三，数字鸿沟中的使用沟对劳动者的劳动力市场表现有何影响？随着互联网普及率的提高，互联网使用的回报率会持续降低。此时，互联网使用方式、效率则会发挥更大的作用。不同互联网使用者间使用互联网的方式、目的和效率能否对劳动者带来收入回报，值得进行深入研究。

第四，劳动者的劳动力市场表现不仅包括收入，还包括工作强度、工作稳定性、工作保障等非货币维度的就业质量。劳动者使用互联网是否会对就业质量产生影响及其影响机制是怎样的，需要实证检验。对就业质量的分析，对于和谐社会的建设、共同富裕的实现具有重要的意义。

参考文献

卜茂亮，罗华江，周耿，2011. Internet 对劳动力市场的影响：基于中国家庭动态跟踪调查（CFPS）数据的实证研究［J］. 南方人口，26（5）：1-10.

陈纯槿，顾小清，2017. 互联网是否扩大了教育结果不平等：基于 PISA 上海数据的实证研究［J］. 北京大学教育评论，15（1）：140-153，191-192.

陈纯槿，王红，2013. 混合学习与网上学习对学生学习效果的影响：47 个实验和准实验的元分析［J］. 开放教育研究，19（2）：69-78.

陈刚，陈敬之，2016. 产权保护与企业家精神：基于微观数据的实证研究［J］. 经济社会体制比较（1）：81-93.

陈强，2014. 高级计量经济学及 Stata 应用［M］. 北京：高等教育出版社.

陈玉宇，吴玉立，2008. 信息化对劳动力市场的影响：个人电脑使用回报率的估计［J］. 经济学（季刊）（4）：1149-1166.

傅磊，2007. 我国健康传播的媒介效应研究［D］. 武汉：大连理工大学.

高梦滔，颜明，毕岚岚，2009. 计算机使用对青年人工资率的影响：来自云南的经验证据［J］. 中国人口科学（1）：59-67，112.

高梦滔，姚洋，2005. 健康风险冲击对农户收入的影响 ［J］. 经济研究 （12）：15-25.

韩宝国，朱平芳，2014. 宽带对中国经济增长影响的实证分析 ［J］. 统计研究，31 （10）：49-54.

韩长根，张力，2017. 互联网普及对于城乡收入分配的影响：基于我国省际面板数据的系统 GMM 分析 ［J］. 经济问题探索 （8）：18-27.

孔高文，刘莎莎，孔东民，2020. 机器人与就业：基于行业与地区异质性的探索性分析 ［J］. 中国工业经济 （8）：80-98.

李朝婷，刘国亮，2022. 数字经济背景下互联网普及对残差收入不平等的影响 ［J］. 软科学 （1）：1-13.

李磊，王小霞，包群. 机器人的就业效应：机制与中国经验 ［J］. 管理世界，2021，37 （9）：104-119.

李涛，朱俊兵，伏霖，2017. 聪明人更愿意创业吗?：来自中国的经验发现 ［J］. 经济研究，52 （3）：91-105.

李雅楠，谢倩芸，2017. 互联网使用与工资收入差距：基于 CHNS 数据的经验分析 ［J］. 经济理论与经济管理 （7）：87-100.

梁林梅，夏颖越，2016. 美国高校在线教育：现状、阻碍、动因与启示：基于斯隆联盟十二年调查报告的分析 ［J］. 开放教育研究，22 （1）：27-36.

刘鹏程，李磊，王小洁，2013. 企业家精神的性别差异：基于创业动机视角的研究 ［J］. 管理世界 （8）：126-135.

刘生龙，张晓明，杨竺松，2021. 互联网使用对农村居民收入的影响 ［J］. 数量经济技术经济研究，38 （4）：103-119.

刘瑛，2008. 互联网改变健康行为的作用探讨 ［J］. 华中科技大学学报 （社会科学版）（5）：109-113.

刘志龙，靳文杰，2015. 计算机网络的工资收入溢价效应分析：基于 CFPS2010 基线调查数据 ［J］. 产业经济评论 （1）：67-78.

吕明阳，彭希哲，陆蒙华，2020. 互联网使用对老年人就业参与的影响 ［J］. 经济学动态 （10）：77-91.

马俊龙，宁光杰，2017. 互联网与中国农村劳动力非农就业 [J]. 财经科学（7）：50-63.

毛宇飞，曾湘泉，2017. 互联网使用是否促进了女性就业：基于 CGSS 数据的经验分析 [J]. 经济学动态（6）：21-31.

倪鹏途，陆铭，2016. 市场准入与"大众创业"：基于微观数据的经验研究 [J]. 世界经济，39（4）：3-21.

宁光杰，林子亮，2014. 信息技术应用、企业组织变革与劳动力技能需求变化 [J]. 经济研究，49（8）：79-92.

宁光杰，马俊龙，2018. 互联网使用对女性劳动供给的影响 [J]. 社会科学战线（2）：75-83.

宁光杰，杨馥萍，2021. 互联网使用与劳动力产业流动——对低技能劳动者的考察 [J]. 中国人口科学（2）：88-100，128.

宁光杰，2011. 中国的工资性别差距及其分解——性别歧视在多大程度上存在？[J]. 世界经济文汇（2）：19-34，86.

潘明明，蔡书凯，周游，2021. 互联网使用促进农村妇女非农就业了吗：基于苏、皖、豫、鄂四省调研数据的实证研究 [J]. 农业技术经济（8）：133-144.

秦立建，秦雪征，蒋中一，2012. 健康对农民工外出务工劳动供给时间的影响 [J]. 中国农村经济（8）：38-45.

屈小博. 机器人和人工智能对就业的影响及趋势 [J]. 劳动经济研究，7（5）：133-143.

阮荣平，郑风田，刘力，2014. 信仰的力量：宗教有利于创业吗？[J]. 经济研究，49（3）：171-184.

邵文波，李坤望. 信息技术、团队合作与劳动力需求结构的差异性 [J]. 世界经济，37（11）：72-99.

申广军，刘超，2018. 信息技术的分配效应：论"互联网+"对劳动收入份额的影响 [J]. 经济理论与经济管理（1）：33-45.

宋林，何洋，2020. 互联网使用对中国农村劳动力就业选择的影响 [J]. 中国人口科学（3）：61-74，127.

孙华臣，杨真，张骞，2021. 互联网深化与农户增收：影响机制和经验证据［J］. 宏观经济研究（5）：104-122，141.

王维维，2017. 互联网对创业的影响研究［D］. 杭州：浙江大学.

王晓峰，赵腾腾，2021. 互联网影响残疾人就业的作用机制研究［J］. 人口学刊，43（1）：96-112.

王永钦，董雯，2020. 机器人的兴起如何影响中国劳动力市场？：来自制造业上市公司的证据［J］. 经济研究，55（10）：159-175.

魏下海，张沛康，杜宇洪，2020. 机器人如何重塑城市劳动力市场：移民工作任务的视角［J］. 经济学动态（10）：92-109.

吴晓瑜，王敏，李力行，2014. 中国的高房价是否阻碍了创业？［J］. 经济研究，49（9）：121-134.

武向荣，赖德胜，2010. 过度教育发生率及其影响因素：基于北京市数据的分析［J］. 教育发展研究，30（19）：36-41.

徐继存，2016. "互联网+"时代教育公平的推进［J］. 教育研究，37（6）：10-12.

徐晓君，2007. 以互联网为平台的健康传播研究［D］. 南宁：广西大学.

薛新东，刘国恩，2012. 社会资本决定健康状况吗：来自中国健康与养老追踪调查的证据［J］. 财贸经济（8）：113-121.

闫雪凌，朱博楷，马超，2020. 工业机器人使用与制造业就业：来自中国的证据［J］. 统计研究，37（1）：74-87.

杨蕙馨，李春梅，2013. 中国信息产业技术进步对劳动力就业及工资差距的影响［J］. 中国工业经济（1）：51-63.

俞文敏，王杰，周宏宇，等，2009. 健康需求者对健康类网站的知识需求调查［J］. 护理学杂志，24（9）：86-87.

湛泳，徐乐，2017. "互联网+"下的包容性金融与家庭创业决策［J］. 财经研究，43（9）：62-75，145.

张锦华，刘进，许庆，2016. 新型农村合作医疗制度、土地流转与农地滞留［J］. 管理世界（1）：99-109.

张龙鹏，蒋为，周立群，2016. 行政审批对创业的影响研究：基于企业家才能的视角［J］. 中国工业经济（4）：57-74.

张卫东，卜偲琦，彭旭辉，2021. 互联网技能、信息优势与农民工非农就业［J］. 财经科学（1）：118-132.

赵忠，2016. 如何从生命周期理解我国的收入不平等［J］. 北京工商大学学报（社会科学版），31（2）：1-9.

周冬，2016. 互联网覆盖驱动农村就业的效果研究［J］. 世界经济文汇（3）：76-90.

周广肃，樊纲，申广军，2014. 收入差距、社会资本与健康水平：基于中国家庭追踪调查（CFPS）的实证分析［J］. 管理世界（7）：12-21，51，187.

周京奎，黄征学，2014. 住房制度改革、流动性约束与"下海"创业选择——理论与中国的经验研究［J］. 经济研究，49（3）：158-170.

周洋，华语音，2017. 互联网与农村家庭创业——基于 CFPS 数据的实证分析［J］. 农业技术经济（5）：111-119.

ACEMOGLU D，AUTOR D，2011. Chapter 12-Skills，tasks and technologies：Implications for employment and earnings［M］. Handbook of Labor Economics，4b（16082）：1043-1171.

ACEMOGLU D，RESTREPO P，2019. Automation and new tasks：how technology displaces and reinstates labor［J］. Journal of economic perspectives，33（2）：3-30.

ACEMOGLU D，RESTREPO P，2018. Low-skill and high-skill automation［J］. Journal of human capital，12（2）：204-232.

ACEMOGLU D，RESTREPO P，2017. Secular stagnation？The effect of aging on economic growth in the age of automation［J］. American economic review，107（5）：174-79.

ACEMOGLU D，RESTREPO P，2020. Unpacking skill bias：automation and new tasks［R］. AEA papers and proceedings，110：356-61.

ACEMOGLU D，2003. Cross-country inequality trends［J］. Economic journal, 113 (485): F121-F149.

ACEMOGLU D, 1998. Why do new technologies complement skills? Directed technical change and wage inequality [J]. Quarterly journal of economics, 113 (4): 1055-1089.

AKERMAN A, GAARDER I, MOGSTAD M, 2015. The skill complementarity of broadband internet [J]. The quarterly journal of economics, 130 (4): 1781-1824.

ALLEN I E, SEAMAN J, 2007. Online nation: Five years of growth in online learning. [J]. Sloan consortium, 64 (3): 31.

ATASOY H, 2013. The effects of broadband Internet expansion on labor market outcomes [J]. Industrial & labor relations review, 66 (2): 315-345.

AUTOR D H, DORN D, 2013. The growth of low-skill service jobs and the polarization of the US labor market [J]. American economic review, 103 (5): 1553-1597.

AUTOR D H, KATZ L F, KEARNEY M S, 2006. The polarization of the U.S. labor market [J]. American economic review, 96 (2): 189-194.

AUTOR D H, LEVY F, MURNANE R J, 2003. Skill demand, inequality, and computerization: Connecting the dots [J] Technology, growth, and the labor market, 12 (5): 107-129.

AUTOR D H, 2001. Wiring the labor market [J]. Journal of economic perspectives, 15 (1): 25-40.

BECKER G S, 1965. A theory of allocation of time [J]. Economic journal, 75 (299): 493-517.

BELO R, FERREIRA P, TELANG R, 2014. Broadband in school: Impact on student performance [J]. Management science, 60 (2): 265-282.

BENAVENTE J M, BRAVO D, MONTERO R, 2011. Wages and workplace computer use in Chile [J]. The developing economies, 49 (4): 382-403.

BERTSCHEK I, NIEBEL T, 2016. Mobile and more productive? Firm-level evidence on the productivity effects of mobile internet use [J]. Tele-communications policy, 40 (9): 888-898.

BLAU F D, KAHN L M, 2007. The gender pay gap: Have women gone as far as they can? [J]. Academy of management perspectives, 21 (1): 7-23.

BOUND J, HOLZER H J, 1996. Demand shifts, population adjust-ments, and labor market outcomes during the 1980s [J]. Journal of labor economics, 18 (1): 20-54.

BOUND J, JOHNSON G, 1992. Changes in the structure of wages: An evaluation of alternative explanations [J]. American economic review, 82 (3): 371-392.

BRESNAHAN T F, BRYNJOLFSSON E, HITT L M, 2002. Information technology, workplace organization, and the demand for skilled labor: Firm - level evidence [J]. Quarterly journal of economics, 117 (1): 339-376.

BRESNAHAN T F, 1999. Computerisation and wage dispersion: An analytical reinterpretation [J]. Economic journal, 109 (456): 390-415.

CHYI H, MAO S, 2012. The determinants of happiness of China's elderly population [J]. Journal of Happiness Studies, 13 (1): 167-185.

CICCONE A, PAPAIOANNOU E, 2007. Red tape and delayed entry [J]. Journal of the European economic association, 5 (2-3): 444-458.

COSTA JR P T, MCCRAE RR, 1992. Four ways five factors are basic [J]. Personality and individual differences, 13 (6): 653-665.

CZERNICH N, 2014. Does broadband internet reduce the unemploy-ment rate? Evidence for Germany [J]. Information economics & policy, 29 (C): 32-45.

DETTLING L J, 2017. Broadband in the labor market: The impact of residential high-speed internet on married women's labor force participation

［J］. ILR review, 70 (2): 451-482.

DIMAGGIO P, BONIKOWSKI B, 2008. Make money surfing the web? The impact of Internet use on the earnings of US workers ［J］. American sociological review, 73 (2): 227-250.

DINARDO J E, PISCHKE J, 1997. The returns to computer use revisited: Have pencils changed the wage structure too? ［J］. Quarterly journal of economics, 112 (1): 291-303.

DJANKOV S, MURRELL P, 2002. Enterprise restructuring in transition: A quantitative survey ［J］. Journal of economic literature, 40 (3): 739-792.

DOLTON P, MAKEPEACE G, 2004. Computer use and earnings in Britain ［J］. Economic journal, 114 (494): C117-C129.

DOMS M, DUNNE T, TROSKE K R, 1997. Workers, wages, and technology ［J］. Quarterly journal of economics, 112 (1): 253-290.

DUNCAN G J, HOFFMAN S D, 1981. The incidence and wage effects of overeducation ［J］. Economics of education review, 1 (1): 75-86.

ERIK BRYNJOLFSSON, LORIN M. HITT, 2000. Beyond computation: Information technology, organizational transformation and business Performance ［J］. The journal of economic perspectives, 14 (4): 23-48.

EVANS D S, JOVANOVIC B, 1989. An estimated model of entrepreneurial choice under liquidity constraints ［J］. Journal of political economy, 97 (4): 808-827.

FABRITZ N, 2013. The impact of broadband on economic activity in rural areas: Evidence from German municipalities ［R］. Ifo working paper.

FALCK O, GOLD R, HEBLICH S, 2012. E - lections: Voting behavior and the Internet ［J］. Social science electronic publishing, 104 (7): 2238-65.

FALK M, SEIM K, 2001. Workers' skill level and information technology: A censored regression model [J]. International journal of manpower, 22 (1/2): 98-121.

FELDMAN D C, KLAAS B S, 2002. Internet job hunting: A field study of applicant experiences with on-line recruiting [J]. Human resource management, 41 (2): 175-192.

FLEISCHER H, 2012. What is our current understanding of one-to-one computer projects: A systematic narrative research review [J]. Educational research review, 7 (2): 107-122.

FORMAN C, GOLDFARB A, GREENSTEIN S, 2012. The Internet and local wages: A puzzle [J]. American economic review, 102 (1): 556-575.

FOUNTAIN C, 2005. Finding a job in the Internet age [J]. Social forces, 83 (3): 1235-1262.

FOX S, 2005. Health information online [J]. Pew internet & american life project, 11 (4): 110-116.

FREEMAN K S, SPYRIDAKIS J H, 2009. Effect of contact information on the credibility of online health information [J]. IEEE transactions on professional communication, 52 (2): 152-166.

FREEMAN R, 1976. The overeducated American [M]. Tokyo: Kenkyusha.

FURUHOLT B, KRISTIANSEN S, 2007. A rural-urban digital divide? Regional aspects of Internet use in Tanzania [J]. Ejisdc the electronic journal on information systems in developing countries, 31 (6): 1-15.

GAGGL P, WRIGHT G C, 2017. A short-run view of what computers do: Evidence from a UK tax incentive [J]. American economic journal: Applied economics, 9 (3): 262-94.

GASPAR J, GLAESER E L, 1998. Information technology and the future of cities [J]. Journal of urban economics, 43 (1): 136-156.

GOLDBERG P K, PAVCNIK N, 2007. Distributional effects of globalization in developing countries ［J］. Journal of economic literature, 45 (1)：39-82.

GOOLSBEE A, GURYAN J, 2006. The impact of Internet subsidies in public schools ［J］. Review of economics & statistics, 88 (2)：336-347.

GOSS E P, PHILLIPS J M, 2002. How information technology affects wages：Evidence using internet usage as a proxy for IT skills ［J］. Journal of labor research, 23 (3)：463-474.

GRONAU R, 1977. Leisure, home production, and work—Theory of the allocation of time revisited ［J］. Journal of political economy, 85 (6)：1099-1123.

GRONAU R, 1973. The intrafamily allocation of time：The value of the housewives' time ［J］. American economic review, 63 (4)：634-651.

GROSSMAN M, 1972. The demand for health：A theoretical and empirical investigation ［M］. New York：NBER Books.

HECKMAN JJ, RUBINSTEIN Y, 2001. The importance of noncognitive skills：Lessons from the GED testing program ［J］. American economic review, 91 (2)：145-149.

HECKMAN JJ, STIXRUD J, URZUA S, 2006. The effects of cognitive and noncognitive abilities on labor market outcomes and social behavior ［J］. Journal of labor economics, 24 (3)：411-482.

HOFFMAN D L, NOVAK T P, 1998. Bridging the racial divide on the Internet ［J］. Science, 280 (5362)：390-391.

HOLT L, JAMISON M A, 2010. Broadband and contributions to economic growth：The U. S. experience and future direction ［J］. Ssrn electronic journal, 33 (10-11)：575-581.

HOLZER H J, 1987. Informal job search and black youth unemployment ［J］. American economic review, 77 (3)：446-452.

IVUS O, BOLAND M, 2015. The employment and wage impact of broadband deployment in Canada ［J］. Canadian journal of economics/

revue canadienne déconomique, 48（5）：1803-1830.

JAYAKAR K, PARK E, 2013. Broadband availability and employment: An analysis of county-level data from the national broadband map [J]. Journal of information policy, 3：181-200.

KAWACHI I, KENNEDY B P, 1997. The relationship of income inequality to mortality: Does the choice of indicator matter? [J]. Social science & medicine, 45（7）：1121.

KENNELLY B, O'SHEA E, GARVEY E, 2003. Social capital, life expectancy and mortality: A cross-national examination [J]. Social science & medicine, 56（12）：2367-77.

KHOO K, BOLT P, BABL F E, et al., 2008. Health information seeking by parents in the Internet age [J]. Journal of paediatrics & child health, 44（7-8）：419.

KNUDSEN E I, HECKMAN JJ, CAMERON J L, et al., 2006. Economic, neurobiological, and behavioral perspectives on building America's future workforce [J]. Proceedings of the national academy of sciences, 103（27）：10155-10162.

KONING J D, GELDERBLOM A, 2006. ICT and older workers: No unwrinkled relationship [J]. International journal of manpower, 27（5）：467-490.

KROFT K, POPE D G, 2014. Does online search crowd out traditional search and improve matching efficiency? Evidence from craigslist [J]. Journal of labor economics, 32（2）：259-303.

KRUEGER A B, 1993. How computers have changed the wage structure: Evidence from microdata, 1984-1989 [J]. Quarterly journal of economics, 108（1）：33-60.

KRUSELL P, OHANIAN L E, RÍOS-RULL J V, et al., 2000. Capital-skill complementarity and inequality: A macroeconomic analysis [J]. Econometrica, 68（5）：1029-1053.

KUCEL A, VILALTA-BUFÍ M, 2012. Graduate labor mismatch in Poland [J]. Polish sociological review, 33 (179): 413-429.

KUHN P, SKUTERUD M, 2004. Internet job search and unemployment durations [J]. American economic review, 94 (1): 218-232.

KULIK C L C, KULIK J A, 1991. Effectiveness of computer-based instruction: An updated analysis [J]. Computers in human behavior, 7 (1-2): 75-94.

LEE S H, KIM J, 2004. Has the Internet changed the wage structure too? [J]. Labour economics, 11 (1): 119-127.

MICHAELS G, NATRAJ A, VAN REENEN J, 2014. Has ICT polarized skill demand? Evidence from eleven countries over twenty-five years [J]. Review of economics and statistics, 96 (1): 60-77.

MORENO-GALBIS E, WOLFF F C, 2011. Evidence on new technologies and wage inequality in France [J]. Applied economics, 43 (7): 855-872.

MORRIS M, WESTERN B, 1999. Inequality in earnings at the close of the twentieth century [J]. Annual review of sociology, 25 (1): 623-657.

NIE N H, ERBRING L, 2001. Internet and society: A preliminary report [C] // The Digital Divide. Cambridge: MIT Press: 73-117.

NILES S, HANSON S, 2003. The geographies of online job search: Preliminary findings from Worcester, MA [J]. Environment and planning A, 35 (7): 1223-1243.

NOH Y H, YOO K, 2008. Internet, inequality and growth [J]. Journal of policy modeling, 30 (6): 1005-1016.

PISSARIDES C, 1990. Equilibrium unemployment theory [J]. Cambridge: Mit Press Books, 1 (233).

PRANTL S, SPITZ-OENER A, 2009. How does entry regulation influence entry into self-employment and occupational mobility? [J]. Economics of transition, 17 (4): 769-802.

PUTNAM R D, 1993. The prosperous community [J]. The American prospect, 4 (13): 35-42.

ROGERSON R, WALLENIUS J, 2009. Micro and macro elasticities in a life cycle model with taxes [J]. Journal of economic theory, 144 (6): 2277-2292.

SANTOS M, SEQUEIRA T N, FERREIRA-LOPES A, 2017. Income inequality and technological adoption [J]. Journal of economic issues, 51 (4): 979-1000.

SHAHIRI H, OSMAN Z, 2015. Internet job search and labor market outcome [J]. International economic journal, 29 (1): 161-173.

SHAW K L, 1992. The life-cycle labor supply of married women and its implications for household income inequality [J]. Economic inquiry, 30 (4): 659-672.

SHIDELER D, BADASYAN N, 2012. The economic impact of broadband deployment in kentucky [J]. Social science electronic publishing: 88-118.

SICHERMAN N, 1991. "Overeducation" in the labor market [J]. Journal of labor economics, 9 (2): 101-122.

STEL A V, STOREY D J, THURIK A R, 2007. The effect of business regulations on nascent and young business entrepreneurship [J]. Small business economics, 28 (2-3): 171-186.

STOKEY N L, 1996. Free trade, factor returns, and factor accumulation [J]. Journal of economic growth, 1 (4): 421-447.

SUVANKULOV F, LAU M C K, CHAU F H C, 2012. Job search on the internet and its outcome [J]. Internet research, 22 (3): 289-289.

ULRICH KAISER, 2000. New technologies and the demand for heterogeneous labor: Firm-level evidence for the german business-related service sector [J]. Economics of innovation & new technology, 9 (5): 465-486.

VERDUGO RR, VERDUGO N T, 1989. The impact of surplus schooling on earnings: Some additional findings [J]. Journal of human resources: 629-643

WEISS M, GARLOFF A, 2011. Skill-biased technological change and endogenous benefits: The dynamics of unemployment and wage inequality [J]. Applied economics, 43 (7): 811-821.

WOODLAND A D, WALES T J, 1976. Estimation of household utility functions and labor supply response [J]. International economic review, 17 (2): 397-410.

YANG, MAYFAIRMEI-HUI, 1994. Gifts, favors, and banquets: The art of social relationships in China [M]. New York: Cornell University Press.

ZEIRA J, 1998. Workers, machines, and economic growth [J]. The quarterly journal of economics, 113 (4): 1091-1117.